Goldstadt-Ferienreiseführer
Algarve und Lissabon
Helmut Aschbacher

Goldstadt-Reiseführer
Band 2011

Algarve

**Reisen und Baden
im Algarve**

**Ausflüge bis Lissabon
mit Stadtführer Lissabon**

Helmut Aschbacher

24 Bilder
 1 Provinzen-
   Übersichtskarte
 1 Straßenkarte
 2 Stadtpläne
 1 Skizze „Ausflüge"
 1 farbige Algarvekarte
   (Faltplan)

GOLDSTADTVERLAG PFORZHEIM

Titelbild: Typische Küstenformation im Westteil des Algarve

Die Fotos stellten zur Verfügung:
Secretária de Estado da Informação e Turismo, Lisboa,
und das Portugiesische Informationsbüro in Bonn

Die Kartenskizzen wurden mit freundlicher Genehmigung des Reise- und
Verkehrsverlages Stuttgart der 8-farbigen Autokarte RV 85 1 : 800 000 entnommen, den Faltplan zeichnete der Verfasser.

ISBN 3-87269-011-6

© 1972 Goldstadtverlag Pforzheim
4. Auflage 1981

Nachdruck, auch auszugsweise, nur mit Genehmigung des Verlages
Satz: Karl A. Schäfer, Goldstadtdruck, Pforzheim
Druck und Bindung: Ebner Ulm
Vertrieb: GeoCenter, Internationales Landkartenhaus, Stuttgart-München

INHALTSVERZEICHNIS

D DER TOURIST IM ALGARVE

E STICHWORTVERZEICHNIS

A.
ZUR EINFÜHRUNG

1.
Reiseland Portugal - Badestrand Algarve

Auch wenn in jedem Atlas Portugal und Spanien stets auf dem selben Blatt erscheinen, so ist Portugal trotzdem nicht nur eine „Fortsetzung Spaniens". Portugal ist in jeder Beziehung „etwas besonderes" und will es auch sein, das zeigen seine Geschichte, die ein immerwährender Kampf um seine Unabhängigkeit war, seine autonome Kultur, seine Menschen, und nicht zuletzt sein Landschaftsbild, das, unabhängig vom oberflächlichen Landkarteneindruck, von dem Spaniens grundverschieden ist.

Dabei ist dieses portugiesische Landschaftsbild vielfältig variiert, da Portugal sowohl in die gemäßigte, als auch in die subtropische Zone hineinreicht und auch topographisch sehr gegliedert ist, so daß man hier die unterschiedlichsten Lebens- und Landschaftsformen antrifft.

Dieses kleine Land am Rande Europas war einmal die größte Seefahrernation und der reichste Handelsstaat der Welt. Dann geriet dieser Außenseiter fast in Vergessenheit, und auch der neuentstandene Tourismus hatte ihn bisher weitgehend übersehen. Nachdem nun durch die modernen Verkehrsmittel der lange Anreiseweg nur noch ein untergeordnetes Problem ist, strömen Touristen und Badegäste mit Macht ins Land. Wenn auch zunächst noch hauptsächlich die „Badeanstalt Portugals", **das Algarve,** den sonnenhungrigen Feriengast anzieht, so wird dieser doch von Jahr zu Jahr neugieriger und möchte noch mehr von diesem schönen und gastfreundlichen Land sehen und erleben. Unser Reiseführer will dabei helfen, diese Neugier zu wecken und den Touristen mit der aufschlußreichen Geschichte, der Kultur und der Gesellschaft bekannt zu machen; er will auf Sehenswürdigkeiten aufmerksam machen und deren Substanz aufzeigen, damit Portugal für ihn zu einem wirklichen Erlebnis wird.

2.
Klima und Reisezeit

Portugal hat in Anbetracht der Nähe des ausgleichenden Meeres als Grundtendenz atlantisches Klima, d. h. die Winter sind temperiert und die Sommer nicht zu heiß. Durch die Tatsache, daß das Land infolge seiner Nordsüdausdehnung teils der gemäßigten, teils der subtropischen Zone angehört, sowie wegen großer Geländeunterschiede, kann man in Portugal drei Klimazonen feststellen:

Die Küstenzone nördlich von Lissabon hat das erwähnte atlantische Klima (milde Winter und nicht zu heiße Sommer) in ausgeprägtester Form.

Die Inlandzone nördlich des Tejo, die Hochebenen um 1000 m und Gebirge bis 2000 m umfaßt, hat besonders in ihrem nordöstlichen Teil strenge Winter und kurze heiße Sommer.

Das Klima der Zone südlich des Tejo kann als mittelmeerisch angesprochen werden, mit mildem Winter und langem heißem Sommer.

Die Nähe des Meeres bedeutet eine hohe Niederschlagsmenge, vor allem im gebirgigen Norden des Landes, aber damit auch eine immer grüne Landschaft. Die Regenmenge und -häufigkeit nimmt von der Küste zum Landesinnern, wie auch von Norden nach Süden stetig ab. Hauptniederschlagszeit ist Winter und Frühjahr, wogegen von Mai bis September meist eine kaum getrübte Schönwetterlage besteht, wobei jedoch der abends auflebende Wind stets für angenehme Nachtkühle sorgt.

Eine Ausnahmestellung nimmt das Algarve ein, die südliche Küstenzone zwischen Meer und Serra de Monchique. Letztere bildet eine ausgesprochene Wetter- und Klimascheide und macht das Algarve zum regenärmsten und winterwärmsten Landstrich Portugals.

Klimatabelle

	PORTO		LISSABON		ALGARVE	
	Mittlere Temp. min.-max.	Tage m. Nieder schlag	Mittlere Temp. min.-max.	Tage m. Nieder- schlag	Mittlere Temp. min. max	Tage m. Nieder- schlag
Januar	4—15°	13	7—15°	15	6—16°	13
April	8—16°	10	10—18°	11	11—19°	8
August	14—25°	3	17—28°	2	18—28°	0
Oktober	13—22°	10	14—21°	11	15—24°	8

Die Wassertemperaturen sind an den Küsten Portugals, wenn man vom Algarve absieht, durchweg niedriger als am Mittelmeer; sie entsprechen etwa denjenigen unserer Nord- und Ostseebäder im Sommer, doch wird dies durch die hohe Lufttemperatur ausgeglichen. An der Algaveküste schwankt die Wassertemperatur zwischen 14° im Januar und 21° im August und September, was diese zur bevorzugten Badezone der ausländischen Feriengäste machte.

Reisezeit

Als Winteraufenthalt empfiehlt sich das Algarve und die Sonnenküste westlich von Lissabon sowie die Südküste unterhalb der Serra da Arrábida (Sesimbra usw.). Ansonsten kann man Portugal das ganze Jahr über bereisen, wenn man auch im Hochsommer die heißen Binnenzonen des Alentejo, und im Winter die höheren Regionen im Nordosten und die sonstigen Hochlagen vermeiden wird, sofern man nicht dem Wintersport huldigen will. Auch muß man von November bis Januar mit zeitweisen heftigen Regenfällen rechnen.

Besonders sehenswert sind die Mandelblüte im Algarve ab Mitte Januar, die Sommermonate im Minho und die Weinbaugebiete Alto Douro und Vouga im September zur Weinlese. Aber die schönste Reisezeit sind wohl die Monate April, Mai, September und Oktober, während als Bademonate Juni, Juli und August in Betracht kommen, im Algarve auch noch der September.

3.
Die Geographie des Landes

Portugal liegt am westlichen Rand der iberischen Halbinsel und bildet dort ein langgestrecktes Handtuch von bis zu 550 km Länge und 200 km Breite. Seine Nordgrenze liegt auf der geographischen Breite von Rom, seine Südküste auf der von Sizilien und Tunis. Die Fläche des Mutterlandes einschließlich der benachbarten Inselgruppen Azoren und Madeira beträgt 92 161 qkm, also etwas mehr als die von Österreich. Die Einwohnerzahl ist 9 Millionen, also ca. 97 auf den qkm.

Portugal, das gemeinsame Landesgrenzen nur mit Spanien hat, ist mit seinen 850 km Atlantikküste zum Meer hin geöffnet, was dazu geführt hat, daß es frühzeitig seine Interessengebiete jenseits des Ozeans gesucht hat und eine Seefahrernation geworden ist. Andererseits entstand dadurch auf verschiedenen Ebenen auch eine gewisse Isolation gegenüber Europa.

Das Land präsentiert sich als westlicher Abfall der Spanischen Meseta. Der Norden ist überwiegend aus Hochflächen zusammengesetzt, die von tiefen Tälern durchschnitten werden. Hier verläuft auch ein Ausläufer der mittelspanischen Kordilleren, der in der Serra da Estrêla mit fast 2000 m die höchste Erhebung Portugals darstellt und unter den Namen Serra da Lousã, Serra dos Candieiros, Serra de Montejunto usw. dem Tejo entlang bis zum Cabo da Roca bei Sintra reicht.

Im Süden finden sich flachere bzw. wellige Geländeformen, die durch Erosion bröckeligen Schiefergesteins entstanden sind. Im Bereich der Unterläufe der Flüsse Tejo und Sado gibt es Ebenen, soweit das Auge reicht (Anschwemmland); dies ist das traditionelle Stier- und Weizengebiet. Eine Ausnahme bildet die Algarvekette, die mit der Serra de Monchique 902 m Höhe erreicht.

Die Küstenstriche sind überwiegend flach mit langen Sandstränden, zum Teil fallen sie, z. B. an der Westküste des südlichen Landesteils, in mäßig hohem aber steilen Bruch zum Meer ab und bilden dann malerische Felsszenerien.

Die wasserreichen Flüsse entspringen alle in Spanien und fließen hauptsächlich in südwestlicher Richtung, ausgenommen der mächtige Grenzfluß Rio Guadiana, der das Algarve von Spanien trennt und in südlicher Richtung in den Golf von Cadiz mündet. Das Gefälle der Flüsse ist in ihren Oberläufen ziemlich groß, so daß sie dort allenthalben zu Seen aufgestaut sind, die das Landschaftsbild beleben und billige Energie liefern. Demgegenüber weiten sich in den flachen Küstenregionen die Flußmündungen oft zu ausgedehnten Lagunen.

Die wichtigsten Ballungszentren von Handel und Industrie sind Lissabon und Porto, beide am Meer gelegen und die einzigen Großstädte Portugals.

Zu erwähnen sind noch die außereuropäischen Besitzungen Portugals, die seit 1932 den Status von überseeischen Provinzen haben. Es sind dies Angola, Mozambique, Kapverdische Inseln, Portugiesisch-Guinea, São Tomé, Principe, Maçao (China) und Portugiesisch-Timor. Mit dem Putsch von 1974 erhielten sie die Selbständigkeit.

4.
Geologie

Portugal ist ein Teil der archaischen „Iberischen Masse", die im Erdaltertum Faltungen und Pressungen mit entsprechend hohen Temperaturen ausgesetzt war und so zu Schiefern der verschiedensten Art, Quarziten, Marmor usw. umgewandelt wurde. In entstandene Risse drang glutflüssige Lava ein und erkaltete unter der Erdoberfläche zu Granit, der nun nach seiner Freilegung durch Erosion fast ein Fünftel des Landes bedeckt, vor allem im Norden, wo er wegen seiner Härte die höchsten Erhebungen des Landes bildet, darunter auch die Serra da Estrêla.

Wo Granitbänke das Grundgebirge durchziehen, finden sich bekanntermaßen auch Erzvorkommen, die allenthalben in Nord- und Mittelportugal festgestellt sind (Zinn, Wolfram, Antimon, Uran, Bleiglanz, Kupfer-Schwefelkies, Eisen usw.), deren Abbau jedoch wegen schwierigen Transportverhältnissen nicht immer lohnt. Durch Spalten und Risse dringt Wasser in den granitenen Untergrund, wird in der Tiefe erhitzt, löst Mineralstoffe in sich auf und tritt wieder zutage. Es ist daher kein Zufall, daß Thermal- bzw. Mineralquellen fast ausschließlich im Norden des Landes bzw. im Bereich der Ausläufer der Serra da Estrêla (bis Estoril) vorkommen.

Während die Atlantikküste Mittelportugals und der Bereich der Unterläufe von Rio Tejo und Rio Sado alluviales Anschwemmland sind, ist der Süden Portugals überwiegend dem Unterkarbon (Kulm) zuzurechnen und weist Grauwacken, Sandsteine und Tonschiefer auf. Besonders die letzteren verwittern verhältnismäßig leicht, was zu dem großenteils wellenförmigen Landschaftsbild geführt hat, aus dem lediglich die vulkanisch entstandene Serra de Monchique herausragt. Die Südküste ist teilweise Hebungsland mit verhältnismäßig jungen Meeresablagerungen, wie man auch als Laie an den ziemlich lose verbackenen Muschelschalen erkennen kann, aus welchen dieses Gestein besteht. Dieses ist dementsprechend noch wenig verfestigt und teilweise noch von weichen Tonschichten durchzogen, so daß die Meeresbrandung leichte Arbeit hatte, das Ufer anzunagen und durch Unterspülung eine hohe zerklüftete Steilküste mit dazwischenliegenden Sandstränden zu schaffen, die die Freude der Feriengäste sind.

5.
Zur Landesgeschichte

Niemand lernt ein Land kennen
und verstehen,
ohne um seine Vergangenheit zu wissen.

Bodenfunde in den Flußtälern und vereinzelte Wohnhöhlen mit Felsmalereien (Escoural) lassen auf eine sporadische altsteinzeitliche Besiedlung schließen. Etwa während der europäischen Jungsteinzeit (4000 bis 3000 v. Chr.) dürften die **Iberer,** ein den Berbern verwandtes ackerbautreibendes Volk, aus Nordafrika oder dem Vorderen Orient eingewandert sein. Sie breiteten sich im Lauf der folgenden Jahrtausende über die ganze Halbinsel aus, wobei die **Lusitaner,** ein iberischer Bruderstamm, die westliche Atlantikküste (Lusitanien) besiedelten.

Seit dem 6. Jahrhundert v. Chr. wanderten die **Kelten** (Gallier) über die Pyrenäen in den iberischen Raum ein, vermischten sich mit den Iberern und drangen bis zur Nordwestküste vor (Galicia), wo sie auch die Lusitaner teilweise in sich aufnahmen. Von Lusitanern und Keltiberern stammen die Begräbnisstätten in Gestalt von Dolmen und Tumuli (Mexilhoeira bei Lagos) sowie die „Castros" bzw. „Citânias", befestigte Siedlungen in gut zu verteidigenden Berglagen, vor allem in der Provinz Minho (Citânia de Briteiros u. a.).

Seit etwa 1000 v. Chr. gründeten die seefahrenden **Phönizier** an geeigneten Küstenplätzen Handelsniederlassungen, ebenso später die Griechen und Karthager. Im Verlauf der Punischen Kriege (3. und 2. Jahrhundert v. Chr.) traten die **Römer** die iberische Herrschaft an, die ihnen hinsichtlich Lusitaniens erst nach erbittertem Widerstand der Lusitaner und nach wiederholten Aufständen (Viriathus, 149 bis 139 v. Chr., Quintus Sertorius, 83 bis 72 v. Chr.) zufiel. Die nachfolgende Romanisierung war unter Kaiser Augustus besonders erfolg-

---

Provinz MINHO: Ochsengespann mit „Boeira" (Ochsenführerin) im Festzug. Die Bewohner des Minho stammen großenteils von im 5. Jahrhundert eingewanderten Sueben (Schwaben) ab, was auch unser Bild nicht verschweigt. Die Minho-Leute sind für ihre Regsamkeit, ihr praktisches Geschick, ihre Heimatliebe und ihre schönen Trachten bekannt.

reich, und römische Zivilisation (Stadtkultur), Sitte und Sprache, und das römische Recht wurden systematisch verbreitet. Mit der gleichen Gründlichkeit wurden Straßen, Brücken und Wasserleitungen gebaut und Städte gegründet und großenteils mit römischen Kriegsveteranen bevölkert.

Doch die Völkerwanderung des 5. Jahrhunderts machte in Verbindung mit dem fortschreitenden Zerfall des römischen Imperiums auch der Hispania Romana ein Ende, und **germanische Völkerschaften,** von den Römern summarisch „Barbaren" (= Bärtige) genannt, drangen in die iberische Halbinsel ein. Vor allem war es eine Abteilung der **Sueben** (Schwaben), die sich von den „süddeutschen Schwaben" absonderte und in den Jahren 409 bis 411 (wie vor ihnen die Kelten) bis nach Nordwestspanien (Galicia) vordrang. Die Sueben gründeten dort mit Hauptstadt Braga ein Königreich, das zeitweise südwärts bis an den Tejo reichte. Ihnen folgten die zunächst noch mit den Römern verbündeten **Westgoten,** die fast die ganze iberische Halbinsel in Besitz nahmen und 450 ein unabhängiges Westgotisches Reich mit der Hauptstadt Toledo gründeten. Die Sueben wurden von ihnen nordwärts bis über den Douro zurückgedrängt, und ein Jahrhundert später (585) ging Suebia politisch vollständig im Westgotenreich auf.

Die Goten übernahmen seltsamerweise die römische Sprache, Kultur und Zivilisation; ja sogar die von den Römern überkommene athanasische (katholische) Glaubenslehre setzte sich gegenüber ihrer eigenen arianischen (= Wesensverschiedenheit zwischen Gott und Christus) durch. Von den Kirchen jener Zeit sind auf portugiesischem Gebiet noch die Kapelle São Pedro de Balsemão (→ Lamego) und São Fructuoso bei Braga erhalten.

Die zweite große iberische Entwicklungsphase begann mit dem Einfall der marokkanischen **Mauren** (Araber und Berber), die das durch den egoistischen Lehensadel bereits morsch gewordene Westgotenreich im Jahr 711 in der Schlacht von Jérez de la Frontera (Cadiz) im ersten Ansturm zerschlugen. Zwei Jahre später nahmen sie Lissabon und das übrige Gebiet des heutigen Portugal, und nur verhältnismäßig geringe und schwer zugängliche Gebiete im Norden (Galicia, Katalonien, Asturien) konnten ihre Unabhängigkeit bewahren. Von diesen Rückzugsgebieten ging dann auch die **Reconquista** (Wiedereroberung) aus, der zu Hilfe kam, daß das Kalifat Córdoba nach dem Sturz Hischams III. (1031) in zahlreiche kleinere rivalisierende Taifas (Teilstaaten) zerfallen war. Im Norden war das Königreich Kastilien entstanden, das unter seinem König Ferdinand III. die treibende Kraft des Kreuzzugs gegen die Moslems wurde, während im Nordosten sich König Jaime von Aragon dem Mittelmeer (Balearen und Italien) zuwandte. 1064 gelingt es König Fernando Magno, die Mauren aus Lamego, Viseu und Coimbra zu vertreiben. Sein Sohn Afonso VI., der Konstanze von Burgund geheiratet hatte, forderte zum Kreuzzug gegen die Mauren Hilfstruppen aus Frankreich an. Darunter waren auch zwei Verwandte der Königin, Heinrich und Raimund von Burgund. Afonso verheiratete sie mit seinen beiden Töchtern, Raimund mit Urraca, Heinrich mit Teresa, seiner illegitimen Tochter. Der Sohn des ersteren wurde als Afonso VII. sein Nachfolger, dem letzteren trat er das Gebiet zwischen Minho und Mondego als Erblehen ab (Grafschaft Portucale). Nach dem Tode ihres Gatten suchte sich dessen Witwe Teresa der Oberhoheit ihrer Stiefschwester bzw. Kastiliens zu entziehen, was jedoch erst ihrem Sohn Afonso Henrique gelang, der den Königstitel annahm und sich 1143 seine Unabhängigkeit von seinem kastilischen Vetter Afonso VII. bestätigen ließ, womit die Geschichte des selbständigen Staates Portugal ihren Anfang nahm. Sicherheitshalber stellte er sein Land unter die Lehensherrschaft des Heiligen Stuhles, was in der Folgezeit den Klerus immer wieder dazu bewog, nur den Papst als Herrn Portugals anzuerkennen. Mit Hilfe von Kreuzrittern aus Deutschland, England und Frankreich besiegte Afonso Henrique die Mauren bei Ourique und entriß ihnen Lissabon und Santarém (1147) und verschiedene weitere Stützpunkte. Die befreiten Gebiete wurden durch Erneuerung der erstürmten Maurenkastelle gesichert. Die Moscheen wurden abgerissen und an ihrer Stelle romanische Kathedralen erbaut, die mit ihrem Zinnenkranz teilweise noch heute an jene kämpferische Zeit erinnern. Die Ritterorden entstanden (Templerorden in Tomar, Calatraverorden in Aviz, Johanniterorden in Crato, Santiagoorden im Alentejo) und halfen bei der Rückeroberung des Landes. Doch erst 1251 wurden unter König Afonso III. die Mauren durch Eroberung der Algarve ganz aus Portugal vertrieben – zweieinhalb Jahrhunderte früher als in Spanien.

Mit den Königen von Kastilien und Leon gab es, ungeachtet des gemeinsamen Kampfes gegen die Mauren, immer wieder Besitzstreitigkeiten. Der Versuch, das stamm- und sprachverwandte (suebische) Galicia nach Portugal einzugliedern, mißlang zwar, doch wurden viele galicische Bauern in dem nach der Reconquista menschenarmen Portugal angesiedelt, was auch dazu beitrug, den suebischen Dialekt in Portugal zu verbreiten und zur Staatssprache zu machen.

Ein sehr bedeutender König war **Diniz I.** (1279–1325), der die Grenzsicherungen verbesserte und keine Grenzstadt ohne Kastell und Stadtmauern ließ. Er war selbst Gelehrter und Dichter und begründete die Universität Coimbra und den Christusritterorden. Seine besondere Fürsorge galt der wirtschaftlichen Entwicklung, besonders der Land- und Forstwirtschaft, was ihm den Beinamen „o labrador" (der Ackerbauer) eintrug. Mit England schloß er einen Freundschafts- und Handelsvertrag. Seine Gattin Isabel von Aragon (1271–1336) ist die „Rainha Santa", die Heilige Elisabeth der Portugiesen, der gleichfalls das Rosenwunder nachgesagt wird (im 17. Jahrhundert heilig gesprochen).

Sein Sohn Afonso IV. nahm 1340 an der Schlacht der Kastilier (Spanier) gegen die Mauren am Rio Salado teil, wodurch letztere in Andalusien eine entscheidende Niederlage erlitten. In seine Regierungszeit fällt das Drama der Inês de Castro, Gemahlin seines Sohnes Pedro I. (→ Alcobaça *), das an den Rand eines Bürgerkrieges führte. Der Sohn und Nachfolger Pedros, Fernão I. (1367–1383), führte gegen Kastilien drei erfolglose Kriege, die das Land verarmten. Nach seinem Tod war seine einzige Tochter Beatrix die Thronerbin. Diese war mit König Juan von Kastilien verheiratet, so daß die Gefahr einer Annexion durch Kastilien bestand. Dem zuvorzukommen wählte die Cortes (Ständeversammlung) am 6. April 1385 João, Großmeister des Aviz-Ordens und unehelicher Sohn König Pedros, zum neuen König, damit die **Dynastie der Aviz** (unechte burgundische Linie) begründend, die in der Folge zwei Jahrhunderte regierte und Portugal zur ersten Seefahrernation der Welt machte. Sofort rückte jedoch Juan von Kastilien in Portugal ein, um seine Thronansprüche durchzusetzen. Am 15. August desselben Jahres kam es bei Aljubarrota zur Schlacht, bei der das portugiesische Volksheer, unterstützt von englischen Bogenschützen, über das kastilische Ritterheer einen entscheidenden Sieg errang, der, zusammen mit dem zwei Monate später auf kastilischem Boden (Valverde) errungenen Sieg, die Unabhängigkeit Portugals für lange Zeit sicherte. Das Kloster Batalha * erinnert an dieses historische Ereignis. Mit England, das ihm durch seine Unterstützung den Thron gerettet hatte, bekräftigte João ein Jahr später im Vertrag von Windsor „für ewige Zeiten" das bereits 1373 vereinbarte Militärbündnis, das nominell noch heute in Kraft ist. Außerdem heiratete er die englische Herzogstochter Philippa von Lancaster.

Diese Heirat war, ebenso wie die daraus hervorgegangenen fünf hochbegabten Söhne, ein besonderes Glück für Portugal. Der berühmteste dieser Söhne ist Dom Henrique, genannt der Seefahrer. Dieser gründete die Seefahrerschule von Sagres, wo er Kapitäne, Schiffsbauer, Geographen und Kartographen um sich versammelte und mit diesen die Voraussetzungen für die kommenden Entdeckungsfahrten schuf. Nachdem João bereits 1415 den Felsenstützpunkt Ceuta an der marokkanischen Küste (eine der beiden „Säulen des Herakles") besetzt hatte, wurden zwischen 1420 und 1430 Madeira und die Azoren entdeckt, dann die afrikanische Westküste erforscht und Stützpunkte bis Oberguinea geschaffen.

Unter João II., der eine Adelsverschwörung niederschlagen mußte, wurden die Entdeckungsfahrten weitergeführt, und Bartolomeo Diaz erreichte 1487 das Südende Afrikas, das Kap der Guten Hoffnung. João II., der den Beinamen „o perfeito" (= der Vollkommene) erhielt, war ein politisches Genie und vielleicht der bedeutendste portugiesische König.

Seit den etwa gleichzeitig stattfindenden Entdeckungsfahrten des Kolumbus traten mit Spanien Interessenstreitigkeiten auf, die durch Schiedsspruch des Papstes und Vertrag von Tordesillas (1494) beigelegt wurden. Darin war eine Demarkationslinie bestimmt, die von Nord nach Süd durch den Atlantik verlief und die Interessengebiete Portugals (Afrika, Indien, Brasilien) und Kastiliens (das übrige Amerika) voneinander schied.

Während der Regierungszeit von **König Manuel I.** (1495–1521) erlebte Portugal seine größte Machtentfaltung. Vasco da Gama erreichte 1497–1499 auf der östlichen Seeroute Indien, Brasilien wurde entdeckt, und Magelhães führte 1519–1522 die erste Erdumkreisung durch. Aus den neuen Kolonien strömen Waren aller Art ins Mutterland und machen Lissabon zur reichsten Handelsstadt der Welt. Hand in Hand damit ging eine kulturelle Blütezeit, Gil Vicente schuf die berühmte Monstranz von Belém und begründete das portugiesische Theater, Luis de Camões schrieb das Heldengedicht Lusiaden, und Boytaca und andere Architekten gaben dem neuen portugiesischen Weltgefühl auf ihre Weise Ausdruck: in einem phantastisch anmutenden, spezifisch portugiesischen Dekorationsstil, eben dem „manuelischen", in welchem vor allem zahllose Kirchen gestaltet wurden, insbesondere das Hieronymitenkloster in Belém, Batalha, Tomar usw. Doch die Kräfte des kleinen Landes wurden überfordert, denn die neuen Kolonien sogen einen großen Teil der Bevölkerung des Mutterlandes auf, und das soziale Gefälle vergrößerte sich. Unter Manuels Nachfolger wurde zur Bekehrung der Juden und Ketzer die Inquisition eingeführt, und die Jesuiten bemächtigten sich des Erziehungswesens.

1568 übernahm Sebastião, ein Urenkel Manuels, 14jährig die Regentschaft. Der von seinen jesuitischen Beratern in religiösem Fanatismus erzogene Jüngling war von spätem Kreuzzugsgeist erfüllt und gedachte über dem afrikanischen Islam das Kreuz aufzurichten. Er mischte sich in marokkanische Thronstreitigkeiten und setzte 1578 mit einem Heer von 18 000 Kriegern nach Marokko über, wo er in der mörderischen „Dreikönigsschlacht" von Ksar el Kebir das Leben verlor und wo sein Heer bis auf wenige Mann aufgerieben wurde (vgl. Goldstadtführer MAROKKO, S. 128). Zwar lebte Sebastião im Herzen des Volkes als Nationalheld weiter, doch dieser Aderlaß bedeutete für Portugal den Verlust seiner Weltgeltung.

Da Sebastião keine Nachkommen hatte, übernahm als letzter legitimer Thronerbe der 66jährige Großinquisitor Kardinal Henrique die Regentschaft. Als er zwei Jahre später starb, marschierten die Truppen Philipps II. von Spanien in Portugal ein und machten es zu einer spanischen Provinz. Spanien selbst war inzwischen in Kämpfe mit England und den niederländischen Protestanten verwickelt. Die portugiesische Flotte, in die „unbesiegbare Armada" eingegliedert, ging mit dieser vor den Küsten Englands zugrunde. Der einträgliche Gewürzhandel war ruiniert, denn die Feinde Spaniens rissen die nun spanisch gewordenen Kolonien an sich, und Amsterdam trat die Nachfolge Lissabons als größter Seehandelsplatz an. Das Ende Portugals schien gekommen zu sein, da befreit die Volkserhebung von 1640 das Land von seiner 60jährigen philippinischen Fremdherrschaft. Der Führer der Erhebung, ein Herzog von **Bragança**, illegitim mit João I. verwandt (→ bei Estremoz * bzw. Vieiros), wird als João IV. König und Begründer einer neuen Dynastie. Nach mehrjährigen Kämpfen wurde dann 1668 im Vertrag von Lissabon von Spanien (das als Gegenleistung Ceuta erhielt) die Unabhängigkeit Portugals erneut anerkannt, worauf die Engländer und Holländer einen Teil der portugiesischen Kolonien (Angola, Mozambique, Malakka, Brasilien) an Portugal zurückgaben. In jener Zeit des Befreiungskampfes entstanden an landegeeigneten Küstenplätzen viele kleine Kastelle bzw. Batteriestellungen mit vauban'schem (sternförmigem) Grundriß (Portimão, Quarteira, Lagos, Praia da Luz, Peniche usw).

Im Verlauf der Regierungszeit von König Pedro II. 1648-1706) erfolgte eine wirtschaftliche Zwischenblüte. Hierzu trugen insbesondere die neuentdeckten Goldlager Minas Gerais in Brasilien bei. Dieses brasilianische Gold war es, mit welchem damals das überschwengliche barocke Schnitzwerk in den Kirchen Portugals geschmückt wurde. Die Bündnispolitik mit England wurde fortgesetzt, und 1703 kam der Methwen-Vertrag zustande, in welchem sich Portugal im spanischen Erbfolgestreit auf die Seite Englands stellte. Von großer Tragweite war die wirtschaftliche Seite dieses Vertrags, der die zollbegünstigte Ausfuhr des Portweins nach England und die Einfuhr englischer Wolle betraf. Sein Sohn João V. (1689–1750), der seit 1706 regierte, wollte es offensichtlich den großen europäischen Fürstenhöfen gleichtun und verschwendete die neugewonnenen Reichtümer. So ließ er u. a. den in dieser Größenordnung sinnlosen Klosterpalast zu Mafra bauen.

Während der Regierungszeit von König José zerstörte 1755 ein Erdbeben große Teile Lissabons und dessen Umgebung. Ein Glück war dabei, daß der unbedeutende König den **Marquês de Pombal** als ersten Minister hatte. Mit erstaunlicher Tatkraft trat dieser der entstandenen Not entgegen und baute Lissabon neu und großzügig wieder auf. Industrie und Landwirtschaft, besonders der Weinbau, wurden gefördert. Ungeachtet des herrschenden absolutistischen Systems führte er grundlegende Reformen durch, verbesserte die Verwaltung und das Erziehungs- und Militärwesen, begrenzte die Macht der Inquisition und schränkte (1764) als einer der ersten Staatsmänner die Sklaverei ein. Die Teilnahme am Siebenjährigen Krieg (1756–1763) auf seiten Englands und Preußens brachte den Einmarsch französischer und spanischer Truppen, die mit englischer Hilfe rasch vertrieben wurden. Daß Pombal auch die Vorrechte des Adels beschränkte und die allmächtigen Jesuiten des Landes verwies, führte zu seinem Sturz, denn als 1777 die kirchlich beeinflußte ältere Tochter Josés, Maria I., die Regierung antrat, wurde Pombal der Prozeß gemacht und er wurde in die Verbannung geschickt, während der Klerus wieder in seine früheren Rechte eingesetzt wurde.

Während der napoleonischen Kriege (1807) weigerte sich Portugal, an der gegen England gerichteten Kontinentalsperre teilzunehmen und seine Häfen für englische Schiffe zu sperren, weshalb es von französischen Truppen mehrere Jahre lang besetzt wurde, während die königliche Familie nach Brasilien emigrierte. Mit Hilfe englischer Truppen unter Wellington (Siege bei Buçaco und Linhas de Torres) konnten die Besatzer jedoch 1812 vertrieben werden.

Nachdem 1820 im Gefolge der französischen Revolution in verschiedenen Städten Portugals Aufstände mit dem Ziel einer liberalen Verfassung ausgebrochen waren, kehrte João VI. 1821 aus Brasilien zurück und beschwor die neue Verfassung, während sich Brasilien selbständig machte und den Sohn Joãos, Dom Pedro, zum Kaiser ausrief. Doch 1828 wurde unter Miguel, einem jüngeren Sohn Joãos, zwecks Wiederherstellung des Absolutismus und Beseitigung der liberalen Verfassung ein Militäraufstand inszeniert, der von dem aus Brasilien zurückgekehrten Kronprinzen Dom Pedro (der zu diesem Zweck auf seine brasilianische Kaiserwürde verzichtet hatte) bei Tomar und Evoramonte (1834) nachhaltig niedergeschlagen wurde, womit der Absolutismus endgültig beseitigt und eine konstitutionelle Monarchie eingeführt war.

Nachfolger Pedros war (1834) dessen Tochter Maria II. (da Gloria). Sie hatte offensichtlich eine Schwäche für die Deutschen, denn sie vermählte sich mit Herzog August v. Leuchtenberg, und nach dessen frühem Tode mit dem Prinzen Ferdinand von Sachsen-Coburg-Gotha. Ihre Regierungszeit war durch liberale Maßnahmen, aber auch durch Verfassungskämpfe zwischen Liberalen und Konservativen gekennzeichnet, wie dies auch im ganzen übrigen Europa der Fall war (vgl. die Deutsche Revolution von 1848). Diese Streitigkeiten hielten an und trugen zunehmend antimonarchischen Charakter. Als Carlos I. und der Kronprinz 1908 einem Attentat zum Opfer fielen, konnte sich auch der nachfolgende junge König Manuel II. nicht mehr lange halten: 1910 wurde die Republik ausgerufen, und die königliche Familie floh ins ausländische Exil.

Die **Republik** begann mit der Auflösung der Orden und der erneuten Konfiszierung der geistlichen Güter, was vielerorts böses Blut machte. Als eines der ersten Länder der Welt beseitigte der „Kolonialstaat" Portugal die Sklaverei und in seinen indischen Kolonien das unmenschliche Kastenwesen. Die Todesstrafe wurde schon 1867 abgeschafft. 1917 trat Portugal als treuer Verbündeter Englands in den Krieg gegen Deutschland ein, obwohl das Verhältnis dieser beiden Staaten zueinander stets das beste gewesen war. Die inneren Unruhen gingen weiter, nicht zuletzt auch wegen des Kriegseintritts, der nicht populär war. Die wirtschaftliche und finanzielle Situation waren denkbar schlecht. Ein Gesuch an den Völkerbund um finanzielle Hilfe wurde mit diskriminierenden Bedingungen beantwortet und daher zurückgezogen. Da kam es am 28. Mai 1926 zu einem Militärputsch, der General Carmona als Präsidenten an die Spitze des Staates brachte. Seit 1932 erfolgte unter dem Finanzexperten Dr. Oliveira Salazar der Aufbau einer ständisch-autoritären Republik, des „Estado Novo", wodurch die ständige Unruhe und die damit verbundene Behinderung der wirtschaftlichen Entwicklung beseitigt werden konnten. Die antiklerikalen Kämpfe wurden eingestellt und mit dem Heiligen Stuhl ein Konkordat abgeschlossen. Salazar konnte die Finanzkrise beheben und gewann durch wirtschaftliche Erfolge, Schaffung öffentlicher Einrichtungen und langsame aber stetige Hebung des Lebensstandards der Bevölkerung große Popularität.

Aus dem zweiten Weltkrieg konnte sich Portugal, das Freundschaftspakte mit dem autoritären Spanien abgeschlossen hatte, trotz des jahrhundertealten Bündnisses mit England heraushalten, seine Wirtschaft konnte dafür bedeutende Kriegsgewinne erzielen. Seit 1949 ist Portugal Mitglied der NATO. 1968 wurde der schwerkranke Salazar durch Professor Dr. Marcello Caetano abgelöst.

Ausgelöst durch die jahrelangen und verlustreichen Kolonialkriege in Afrika, und gefördert durch entsprechenden

Druck des Auslandes (auch Bundeskanzler Brand hatte damals die rebellierenden Frelimo empfangen), fand am 25. April 1974 ein **Offiziersputsch** statt, der die rechtsgerichtete Diktatur Caetano beseitigte.

Portugal hat also wieder eine Demokratie, wohlgemerkt nicht die erste in seiner Geschichte. Es ist zu hoffen, daß man aus der Vergangenheit gelernt hat und nicht durch Unduldsamkeit und Uneinigkeit erneut in eine Diktatur abgleitet.

ZEITTAFEL DER PORTUGIESISCHEN KÖNIGE

Dynastie Burgund:

Regentschaft d. Teresa	1112–1128
Afonso I.	1128–1185
Sancho I.	1185–1211
Afonso II.	1211–1223
Sancho II.	1223–1248
Afonso III.	1248–1279
Dinis	1279–1325
Afonso IV.	1325–1357
Pedro I.	1357–1367
Fernando	1367–1383
Regentschaft	
der Leonor Telles	1383–1385

Dynastie Aviz:

João I.	1385–1433
Duarte	1433–1438
Regentschaft d. Leonor	1438–1440
Regentschaft	
des Infanten Pedro	1440–1448
Afonso V.	1448–1481
João II.	1481–1495
Manuel I.	1495–1521
João III.	1521–1557
Regentschaft	
der Catarina	1557–1562
Regentschaft des Kardinals	
Henriques	1562–1568
Sebastião	1568–1578
Kardinal-König	
Henriques	1578–1580

Spanische Herrschaft:

Filipe I.	(II. v. Sp.)	1580–1598
Filipe II.	(III. v. Sp.)	1598–1621
Filipe III.	(IV. v. Sp.)	1621–1640

Dynastie Bragança:

João IV.	1640–1656
Regentschaft	
der Luisa de Gusmão	1656–1662
Afonso VI.	1662–1667
Regentschaft des Pedro	1667–1683
Pedro II.	1683–1706
João V.	1706–1750
José	
(Marqu. de Pombal)	1750–1777
Maria I. und Prinz-	
gemahl Pedro III.	1777–1792
Regentschaft des João	1792–1816
João VI.	1816–1826
Regentschaft der Maria	
und Pedro IV.	1826–1827
Miguel I.	1827–1834
Pedro IV.	1834
Maria II.	1834–1853
Regentschaft des Prinz-	
gemahls Ferdinand	1853–1855
Pedro V.	1855–1861
Luis	1861–1889
Carlos	1889–1908
Manuel II.	1908–1910

DAS GESICHT PORTUGALS — in sich ruhend, rätselvoll, sanft und schön! Unser Bild: Azeitoneira (Olivenpflückerin) aus dem Alentejo.

6.
Die Portugiesen

Zerrinnen laß' ich die gequälte Zeit
und streue meine Sehnsucht ohne Ende
am Meeresufer hin in Einsamkeit,
was immer sich auch wandle und mich irre.
Und wenn ich über Blumenwiesen geh',
so ist's als käm' darüber eine Dürre.
(Aus den Elegien des Luis de Camões)

Die portugiesische Bevölkerung ist ein Produkt der bewegten Vergangenheit des Landes.

Am Anfang der langen Reihe stehen die **Lusitaner** (Iberer), die nach den aufgefundenen Skeletten als dolichozephale Rasse bezeichnet werden, von kleiner Gestalt, braun und mit länglichem Schädel. Man trifft diesen Menschenschlag heute noch in den Minhobergen und in den Provinzen Trás-os-Montes und Beira. Vor 3000 Jahren landeten die seefahrenden **Phönizier** an den Küsten Lusitaniens und siedelten sich an landegünstigen Plätzen an, während die ackerbautreibenden Lusitaner offensichtlich kein Interesse am Meer hatten. Die Nachfahren dieser semitisch-phönizischen Rasse, von mittlerer Gestalt und exotischem Erscheinungsbild, schwarzem Haar und braunen Augen, sind noch heute entlang der gesamten Küste anzutreffen. Etwa seit 600 v. Chr. wanderte eine mittelgroße, rundköpfige, braune „alpine" Rasse, die **Kelten,** aus Celtica (später Gallia genannt) in die iberische Halbinsel und nach Lusitanien ein, wobei sie die „Hallstattkultur" (Eisen) aus Österreich mitbrachten. Man trifft diese Rassenmerkmale insbesondere noch in Rückzugsgebieten, so in den höheren Lagen des Minho.

Dann kamen die römischen Legionäre, die damals längst keine geborenen **Römer** mehr waren, sondern sich aus den verschiedensten Völkerschaften einschließlich Vorderasiaten zusammensetzten. Es gefiel ihnen (nach der Niederschlagung heftiger Aufstände) im Lande und sie ließen sich nach ihrer Militärdienstzeit in Veteranensiedlungen nieder.

Wenig später (411) kam eine Völkerschaft, die auch von geschichtsbewanderten Portugiesen möglichst verschwiegen wird, weil sie in der nur in römischer Version vorhandenen Geschichtsschreibung den (später anrüchig gewordenen) Namen „Barbaren" trägt, was seinerzeit jedoch lediglich soviel wie „Bärtige" bzw. „Nichtrömer" bedeutete (genau wie z. B. bei den Ureinwohnern von Nordafrika, die heute noch „Berber" genannt werden), denn die Römer waren im Gegensatz dazu überwiegend bartlos. Es handelte sich bei diesen „portugiesischen Barbaren" um eine Splittergruppe der **Sueben** (zu neudeutsch: Schwaben), die, gestoßen durch die Völkerwanderung, statt nach Süddeutschland, in die Nordwestecke der iberischen Halbinsel (Galicia, Minho) verschlagen wurde, sich dort ausbreitete und die Römer nach Süden abdrängte. Sie waren, genau wie unsere deutschen Schwaben, ein ausgesprochenes Kleinbauernvolk mit pedantischem Fleiß und entsprechender Geschicklichkeit, das für die auf dem Handel und dem selbständigen Handwerk aufgebaute römische Stadtkultur weder Verständnis noch Verwendung hatte. Die eroberten römischen Städte, die beim Kampf in Flammen aufgingen oder von den bereits auf dem Rückzug befindlichen Römern (man war in der zweiten Hälfte des 5. Jahrhunderts!) aufgegeben und selbst zerstört worden waren, zerfielen daher im Lauf der nachfolgenden Jahrhunderte zu Schutt und Staub bzw. wurden als Steinbrüche benützt. Auch als später die mit den Römern verbündeten Westgoten nachstießen und den Sueben ihre Oberhoheit aufzwangen, konnte sich deren Substanz weitgehend erhalten, da sie als verstreut lebende Kleinbauern (wie noch heute in der Provinz Minho) gewissermaßen „unauffällig" waren. Infolgedessen ist dieser kräftige, blonde, hellhäutige und helläugige Menschentyp in Nordportugal noch allgegenwärtig; es ist genau derselbe, wie er in ländlichen (nicht überfremdeten) Gegenden des deutschen Schwabenlandes anzutreffen ist. Ein Kuriosum ist, daß gerade diese „unterschlagenen" portugiesischen Schwaben (wer will schon von „Barbaren" abstammen!) bei der Reconquista und damit bei der Bildung des Staates Portugal entscheidend beteiligt waren und zudem der portugiesischen Sprache ihren (schwäbischen) Akzent aufgeprägt haben (→ Abschn. D. 6).

Auch die seit 711 aus Nordafrika eingedrungenen islamischen **Mauren** (Araber und Berber) konnten dieses suebische Element wenig beeinflussen, da sie die Gebiete jenseits des Douro nur für kurze Zeit in Händen hatten. Im übrigen Portugal ist das maurische Blutserbe jedoch noch vertreten, so im Alentejo (wo es die schönsten Frauen gibt) und besonders im Algarve, von wo sie erst nach mehr als 5 Jahrhunderten Aufenthalt vertrieben werden konnten.

Mit der Beendigung der Rückeroberung um 1250 (die übrigens auch die Ansiedlung französischer und germanischer Hilfstruppen brachte) war die Inkorporation externer Bevölkerungselemente praktisch abgeschlossen, wenn man von den vereinzelt aus den überseeischen Provinzen eingewanderten afrikanischen und asiatischen Volksgruppen absieht. Die nachfolgende gemeinsame Kultur- und Geschichtsentwicklung mit jahrhundertelangen Kämpfen um die Selbständigkeit und um die Weltgeltung Portugals formten aus diesen verschiedenartigen Rassengruppen einen spezifisch portugiesischen Menschentyp von durchschnittlich mittlerer Größe, langer Schädelform, braun- oder schwarzhaarig und mit dunklen Augen. Seine Fähigkeiten scheinen generell mehr in der Improvisation und im Detail als in der evolutionären Konzeption zu liegen. Ebenso bildeten sich spezifische Charaktereigenschaften aus, die den Portugiesen als reserviert, friedlich, versöhnlich, grundehrlich, ziemlich passiv und sehr sentimental und melancholisch erscheinen lassen. Diese Melancholie und Wehmut, die irgendwie in jedem Portugiesen steckt und als „Saudade" (= wehmütige Erinnerung) ein allgemeiner Begriff ist, kann eine unterschwellige Rückerinnerung an Glanz und Untergang der Völker der Vergangenheit bzw. der nationalen Größe Portugals sein (daher die vielen Denkmale?). Man „pflegt" die Saudade in eigenbrödlerischem Sinnieren und besonders im „Fado" (von lateinisch Fatum = Schicksal), dem typischen elegischen Klagegesang, der von der Unberechenbarkeit und Grausamkeit des Schicksals und von Liebesschmerz, Verzichten und Vergessen singt. Der Fado ist jedoch kein Volkslied im herkömmlichen Sinne, vielmehr ein Sache der mehr oder weniger professionellen Vortragskunst. In deutlichem Gegensatz dazu stehen die gemeinschaftlich gesungenen Tanz- und Volkslieder und die Chöre, die vor allem im Norden gesungen werden. Sie erinnern irgendwie an die sentimentalen schwäbischen Silcherlieder. Man liebt (im Gegensatz zu den Spaniern) das Sentimental-melodische mehr als das Rhythmische, und es ist wohl kein Zufall, daß man in Unterhaltungssendungen des portugiesischen Rundfunks fast täglich deutsche Schnulzenschlager hört, sogar bayerische Volksmusik.

Im Verkehr mit dem Fremden ist der Portugiese höflich, hilfsbereit und unaufdringlich. Sein Nationalstolz ist ausgeprägt, besonders auch gegenüber dem Nachbarland Spanien, und manchmal ist Takt vonnöten, ihn nicht zu verletzen. Sein Individualismus verhindert die Bildung größerer Interessengruppen, fördert aber uferlosen und sterilen Partikularismus.

Die Portugiesen sind Katholiken, doch ist ihre Religiosität erheblich weniger überspitzt und insbesondere toleranter als beispielweise im benachbarten Spanien. Der Katholizismus ist zwar gepflegte Tradition, spielt aber doch mehr oder weniger eine Nebenrolle, was wohl insbesondere auf die frühzeitige Liberalisierung, die frühzeitige Aufhebung der Inquisition und die frühzeitige Trennung von Staat und Kirche zurückzuführen ist. In Portugal ist sogar die Ehescheidung anerkannt, wird natürlich wenig praktiziert. Das Verhältnis der beiden Geschlechter zueinander ist erheblich natürlicher (weniger verklemmt) als im benachbarten Spanien, das zweieinhalb Jahrhunderte länger dem arabischen Haremsgedanken (Besitzrecht des Mannes an der Frau und Verfügungsrecht über seine Kinder) ausgesetzt gewesen war als Portugal.

Zu erwähnen wäre noch die auffallende Sauberkeit, die im ganzen Lande und in jedem Haushalt herrscht.

Ungeachtet ihrer erwähnten passiven Eigenschaften haben die Portugiesen doch in der Vergangenheit selbst in aussichtslos erscheinenden Situationen gezeigt, daß sie zu großen männlichen Taten und zivilisatorischen Höchstleistungen fähig sind. Auch das moderne Portugal besinnt sich auf seine schlummernde Kraft und findet den Anschluß an den Fortschritt der neuen Zeit.

7.
Volks- und Brauchtum

Die „Saudade", das Heimweh nach der ruhmreichen Vergangenheit, ist ein wesentliches Merkmal der portugiesischen Volksseele, und das Brauchtum ist eine lebendige Brücke zu dieser Vergangenheit. Dies ist wohl der tiefere und unbewußte Grund dafür, daß es auch heute noch allenthalben als Pflicht erachtet wird, Glaube, Brauchtum und Erbe der Ahnen lebendig zu erhalten und sie in den Alltag zu übernehmen.

Sehr kennzeichnend ist die Liebe des Portugiesen zur heimatlichen Erde, die ihn und seine Vorfahren geboren und ernährt hat, wie überhaupt zur Natur und ihren Geschöpfen. Die Tierliebe ist im Gegensatz zu anderen romanischen Völkern besonders ausgeprägt, besonders auch zu den Haustieren einschließlich der allüberall anzutreffenden Kanarienvögel. Dann die Blumen, die weniger Dekoration als Herzenssache sind und die ihre Wohlgerüche (sprich Seele) durch die Häuser strömen.

Diese auf keiner Nützlichkeit beruhende Liebe zur Natur und zum Hergebrachten kommt insbesondere auch in der lyrischen und romantisch-schwärmerischen portugiesischen Dichtung zum Ausdruck sowie augenfällig in den wundervollen und schmuckbedeckten Trachten und in der liebevollen Art, wie auch profane Gebrauchsgegenstände verziert werden, wobei stets überkommene Motive auftreten, wie etwa die mit christlichen, vorchristlichen und kabbalistischen Sinnzeichen beschnitzten Ochsenjoche oder das magische Auge am Bug der Fischerboote. Das Handwerk zeigt Formen und Gebrauchsgegenstände, wie sie schon vor Jahrtausenden hier im Schwange waren, so die Fischerboote mit dem hochgebogenen phönizischen Bug oder die Bauernkarren mit den zwei Scheibenrädern, wie sie schon die Römer und die „Barbaren" hatten, oder die gleichfalls phönizischen wollenen Beutelmützen (Strumpfmützen) der Fischer von Nazaré und der Rinderhirten im Ribatejo. Auch die in Barcelos (Minho) zu Tausenden in allen Größen und Farben hergestellten keramischen Hähne sind unzweifelhaft die Nachfahren des „gallischen Hahns", den die Kelten (Gallier) vor fast 3 Jahrtausenden als ihr Wappentier (auch Sinnbild der Fruchtbarkeit und Wachsamkeit) nach Galicia bzw. dem Minho mitgebracht hatten.

Das Brauchtum tritt besonders bei den „Festas" in Erscheinung. Diese fallen auf den Jahrtag eines lokalen Heiligen bzw. Schutzpatrons, wie es ihn in jeder Stadt und jedem Dorf gibt. Sie beginnen daher meist mit der Messe und anschließender Prozession, woran sich die allgemeine Lustbarkeit mit Volkstänzen, sportlichen Wettbewerben, Stierkämpfen und dem üblichen Festbetrieb anschließen sowie das abschließende Feuerwerk. Diese Volkstänze scheinen uralt zu sein, berichtete doch bereits vor 2000 Jahren der griechische Weltreisende Strabo in

NAZARE. Die Bewohner des Fischerstädtchens stammen nach Überlieferung von seefahrenden Phöniziern und Griechen ab. Unser Bild: Fischer mit der typischen Beutelmütze, die oft als Aufbewahrungsort von Köder, Rauchwaren usw. zweckentfremdet wird.

seiner „Geographika" in leicht schockiertem Ton darüber, daß bei den iberischen Barbaren „auch Weiber mit Männern vermischt tanzen, indem sie sich gegenseitig an den Händen halten".

Die Heimat der „Romarías" (Wallfahrt bzw. „Rom-Fahrt") ist besonders der Norden des Landes (Minho), der offensichtlich den Katholizismus am intensivsten praktiziert. Es sind lange Pilgerzüge zu den meist abgelegenen Wallfahrtsorten, teils mit Fuhrwerk, teils zu Fuß, jeweils beladen mit Eßwaren und den gelübdegemäßen Votivgaben aus Wachs (Körperteile, Tiere, Babys usw.) oder Wachskerzen, die oft dem Gewicht des Spenders entsprechen (Bom Jesus bei Braga). Natürlich zieht man die besten Kleider an, und auch hier kann man die prachtvollen Trachten mit dem schweren Silber- und Goldschmuck bewundern, wie er besonders gerade im Minho zu Hause ist.

Die Organisation besorgen spezielle Bruderschaften, die zuvor auch die erforderlichen Gelder gesammelt haben. Nach der Prozession und der gebotenen Verehrung des Heiligtums vergnügt man sich bei picknickartigem Festschmaus, Tanz und Jahrmarktsbetrieb.

Die wichtigsten Wallfahrten sind die von Loulé (Algarve), Lamego, Evora, Braga, Viana do Castelo, Vizela, Mirandela und natürlich Fátima am 12./13. Mai und 12./13. Oktober und an jedem 13. der zwischen Mai und Oktober liegenden Monate.

Daneben gibt es „kleine Romarías" von nur örtlicher Bedeutung, die zu den kleinen, oft in vorchristliche Zeit zurückreichenden Bergheiligtümern führen.

Hiervon zu unterscheiden sind die „Feiras" (Jahrmärkte), die hauptsächlich Einblicke in das lokale Handwerksschaffen bieten.

Der Karneval wird besonders aufwendig in Loulé, Ovar, Estoril, Torre Vedras, Nazaré, Covilha-Guarda (Serra Estrêla) und Portimão begangen, die Karwoche in Braga, dem „portugiesischen Rom".

Hier sei noch das Frühlingsfest am 20. April erwähnt, das im ganzen Land mit Umzügen und Feuerwerk usw. begangen wird. Es ist zugleich „Dia do Turista" (Touristentag), wo die Fremden im Mittelpunkt stehen und mit kleinen Erinnerungsgeschenken bedacht werden.

Denkmale alten Brauchtums und Stadtrechts sind auch die allenthalben auf den Marktplätzen anzutreffenden „Pelourinhos" (Gerichtssäulen), die meist in manuelischem Stil gehalten sind. Es handelt sich hier nicht um „Schandpfähle", wie man ständig lesen muß, sondern um Ausdruck und Sinnbild der städtischen Gerichtshoheit. Daß an diesen zentral gelegenen Säulen gelegentlich auch Rechtsbrecher zur Schau gestellt wurden, ändert hieran nichts.

8.
Unterhaltung und Sport

Die Unterhaltungsmöglichkeiten sind in Portugal vielgestaltig, wobei es nicht zuletzt auf das betreffende Reisegebiet ankommt. Bei den größeren Touristenbüros erhält man den Veranstaltungskalender des „Serviço de Festivais".

Hinsichtlich der klassischen kulturellen Veranstaltungen, Theater, Oper, Konzert und Ballett, ist man auf die Großstädte Lissabon und Porto angewiesen, wo Spielkörper und Orchester vorhanden sind und ständige Vorstellungen stattfinden. Die Provinzbühnen geben Gastspiele der hauptstädtischen Spielkörper und ausländischer Ensembles, vor allem in den Badeorten während der Saison. In Lissabon und Porto werden auch Kunstausstellungen gezeigt. Tanzlokale (Boites), teilweise mit Varietéprogramm, gibt es in den größeren Städten und in den Badeorten, im übrigen haben die großen Hotels regelmäßig auch Tanzbars oder Tanzterrassen. Lissabon hat im Coliseu dos Recreios auch einen ständigen Zirkus. Fadolokale findet man insbesondere in den Stadtvierteln Alfama und Bairro Alto von (→) Lissabon.

Was sich in Portugal als „Casino" bezeichnet, ist meist nur ein Tanzsaal mit Bar usw. Wirkliche Spielkasinos gibt es nur in Estoril, Espinho, Figueira da Foz und Póvoa de Varzim.

Die Stierkampfsaison dauert von Ostern bis Oktober (→ Abschnitt A. 9). In Lissabon (Campo Pequeno) finden die Kämpfe in der Regel am Donnerstagabend und Sonntagnachmittag statt. Die berühmtesten und mit den besten Stieren und Kämpfern besetzten gibt es während der Jahrmärkte von Santarém (Juni) und Vila Franca de Xira (Juli). In fast jeder Stadt findet man Stadtparks, Freibäder und Museen, wobei in Lissabon besonders auf das ozeanographische und das Kutschenmuseum hingewiesen sei. Dort gibt es auch einen vorbildlichen Zoo.

Von touristischem Interesse sind besonders auch die Festas, Romarías und Feiras (→ Abschnitt A. 7), die regelmäßig mit (ungestellten) folkloristischen Vergnügungen verbunden sind und einen Einblick in die portugiesische Mentalität vermitteln.

Von den von Touristen aktiv auszuübenden Sportarten steht in Anbetracht der 850 km langen Meeresküste natürlich der Wassersport an erster Stelle. Es sind alle denkbaren Arten möglich, bevorzugt der Unterwassersport, in Anbetracht des vor den Küsten liegenden breiten Schelfs (Flachseeboden). Auskünfte über Ausleihe von Tauchgeräten und Füllstationen erhält man vom „Club dos Anadores da Pesca de Portugal", Lisboa, Rua do Salitre 105. In den Touristenzentren gibt es weitere Möglichkeiten der Sportausübung, wie Tennis, Golf, Reiten usw. Einen besonders guten Gedanken hat derjenige, welcher Portugal radfahrenderweise erlebt, da man außerhalb der Ballungszentren auf den meist schattigen Landstraßen fast allein und stets in Tuchfühlung mit Land und Leuten ist.

Die „passiven Sportler" haben gleichfalls mancherlei Möglichkeiten der Zerstreuung. Auch diesbezüglich gibt der genannte Veranstaltungskalender Auskunft. Es gibt nationale und internationale Leichtathletik- und Fußballwettbewerbe, Autorallyes (1 Dutzend), Autorundstreckenrennen (ca. 10), Radrennen, Motorboot- und Pferderennen, Golfturniere (ca. 20) und Angelwettbewerbe (Sesimbra). Beliebteste Sportart bleibt jedoch wie in den meisten anderen europäischen Ländern der Fußball, wozu auch der bereits legendäre Eusebio beigetragen hat. Daneben wird auch dem Rollschuhhockey gehuldigt, in welcher (etwas ausgefallener) Sportart Portugal öfters Weltmeister ist.

Wenn auch kaum jemand des Wintersports wegen nach Portugal reisen dürfte, so soll doch der Vollständigkeit halber erwähnt sein, daß im Estrêla-Gebirge (bis 2000 m) ein Wintersportzentrum besteht (→ Covilha *) und noch weiter ausgebaut wird.

Der STIERKAMPF IN PORTUGAL ist unblutig und kann irgendwie mit dem Stiertanz der Kreter vor 4000 Jahren verglichen werden. Unser Bild: Der zweite Teil einer Tourada, die „Pega de cara".

9.
Portugiesischer Stierkampf

Die Geschichte des Stierkampfs reicht bis in graue Vorzeit zurück. Wahrscheinlich beginnt sie bei dem kretischen Mithraskult (vor 4000 Jahren), zu dessen Repertoire ein akrobatischer Stiertanz gehörte. Anschließend wurde der zu Boden gezwungene Stier von einem Priester durch einen Stich in den Nacken getötet.

Das Mysterium des Mithraskultes war der siegreiche Kampf des Lichtgottes Mithras (Geburtstag 25. Dezember!) gegen die Mächte der Finsternis, dargestellt durch den Urstier. Dieser Kult war unter Kaiser Aurelian im 3. Jahrhundert sogar für kurze Zeit offizielle Staatsreligion des römischen Reichs.

Trotz päpstlichen Verbots waren das ganze Mittelalter hindurch Stierkämpfe sowohl beim Adel, als auch beim Volk sehr beliebt, besonders auf der iberischen Halbinsel. Die ursprüngliche Kulthandlung war jedoch zum höfischen Sport und zur Mutprobe geworden. In der zweiten Hälfte des 18. Jahrhunderts hatten sich bestimmte Kampfregeln herausgebildet; aus dieser Zeit (Rokoko) stammt auch die Tracht der Akteure.

Die Kampfstiere (touros bravos) stammen aus speziellen Kampfstierzuchtfarmen in dem weiten Weideland des Ribatejo. Fünfjährige Tiere sind im Vollbesitz ihrer Kraft und Reaktionsfähigkeit, während die jüngeren Stiere weniger aktiv sind und bei kleineren Veranstaltungen eingesetzt werden.

Die portugiesische „tourada" ist von einer spanischen „corrida" sehr verschieden. Insbesondere wird das Tier (auch entsprechend der weicheren portugiesischen Gemütsart) abschließend nicht getötet, was insbesondere auch der Fremdling bzw. Tourist als sympathisch empfindet. Den Anlaß zur Humanisierung der tourada gab im 18. Jahrhundert ein Kampf, bei dem ein junger Adliger tödlich verwundet wurde, worauf der allmächtige Minister Marquis de Pombal zur Vorschrift machte, daß die Hörnerspitzen der Stiere „emboladas", d. h. mit Holzkugeln (bolas) gesichert sein müssen.

Das „Personal" einer tourada besteht aus „cavaleiros" (Reitern) in höfischer Rokokotracht (Dreispitz) mit wertvollen schnellen Pferden, den Gehilfen zu Fuß (toureiros), gleichfalls in traditioneller Tracht, und den „forcadas" (Stierhirten) in ihrer ländlichen Berufstracht des Ribatejo (rotes Jäckchen,

Kniehose, weiße Strümpfe und grüne Beutelmütze). Ihr seltsamer Name stammt von forcado = Gabel, womit sie ehemals bewaffnet waren, als ihre Aufgabe noch war, die Ehrentribüne mit dem König vor unvorhergesehenen Angriffen des Stieres zu schützen.

Eine tourada beginnt mit der malerischen und farbenprächtigen Einzugsparade der Akteure, die von dem schwarzgekleideten „neto" (= Enkel) angeführt wird, der den Schlüssel zum Stiergelaß verwahrt. Auch dieser Name hat eine aristokratische Tradition, indem dieses Ehrenamt ehedem von einem Enkel oder einer Enkelin des Königs ausgeübt war.

Dann beginnt der eigentliche Kampf, wobei ein in der Arena verbliebener cavaleiro mit Scheinangriffen, Ausweichmanövern und raffinierten „sortes" seine Geschicklichkeit und Reitkunst zur Geltung bringt, und dabei dem Stier die kurzen „farpas" (bebänderte Pfeile) in die Nackenhaut stößt. Die beiden Gehilfen treten nur im Falle der Gefahr in Aktion. Ist der Stier ermüdet, so beendet der cavaleiro mit einem symbolischen Stoß mit der „espada" (Holzschwert) den Kampf.

Der zweite Teil einer Tourada, die „pega", ist besonders typisch portugiesisch: Acht forcadas stellen sich in einer Reihe auf und werfen sich nacheinander auf den anstürmenden „bicho", um ihn zu Boden zu werfen und in einer wilden Balgerei kampfunfähig zu machen und aus der Arena zu bringen, meist unter dem Beifall der Zuschauer für den mehr oder weniger tapferen Stier.

Im gesamten gesehen kann man diesen Kampf als redlich und sportlich bezeichnen, denn er spielt sich zwischen unbewaffneten Gegnern ab, wobei wilde Kraft der menschlichen Intelligenz, List und Geschicklichkeit gegenübersteht.

Eine tourada umfaßt meist 6 oder 8 Kämpfe von je etwa 20 Minuten Dauer. Von den 3 oder 4 cavaleiros tritt also jeder zweimal in Aktion, das zweitemal nach der Pause.

Eine „praça de touros" ist kreisrund und offen. Die Eintrittspreise sind tief gestaffelt und können sich auf umgerechnet 60 DM und darüber belaufen. Sie richten sich auch danach, ob die betreffenden Plätze im Schatten (sombra) oder in der evtl. störenden Sonne (sol) oder dazwischen (sol e sombra) liegen. Wer für einen harten Steinsitz kein Sitzkissen mitbringt, kann sich ein solches (almofada) bei der Kasse mieten.

Eintrittskarten sollte man im Vorverkauf erwerben oder durch das Hotel besorgen lassen, da unmittelbar vor der Veranstaltung vor der Kasse eine lange Menschenschlange steht.

Außer den Nachmittagsveranstaltungen gibt es auch die „touradas nocturnas" (Abendstierkämpfe), die jedoch naturgemäß oft mit „schläfrigen" Stieren arbeiten müssen. „Tentas" sind Anfängerstierkämpfe mit jungen Tieren und noch weniger geübten Kämpfern, „cómicas" sind humoristische Stierkämpfe.

Klassische Stadt des Stierkampfs ist Vila Franca de Xira, 30 km nordöstlich von Lissabon am Rio Tejo, Zentrum der großen Stierzuchten. Auch in weiteren ca. 30 Städten und Dörfern Mittelportugals gibt es Stierkämpfe, vor allem in Verbindung mit den traditionellen Jahrmärkten.

10.
Kleine Stilkunde
Portugiesische Besonderheit: Die Manuelik.

Die ältesten Zeugnisse der Baukunst auf portugiesischem Boden stammen, wenn man von den „castros" der Ureinwohner absieht, von den Römern, und zwar insbesondere der Diana-Tempel in Evora aus dem 2./3. Jahrhundert und die Ruinen der römischen Festungsstadt Conimbriga (bei Coimbra), sowie sonstige lapidare Fundstücke in den örtlichen Museen. Geringe Spuren weisen auf die Gotenherrschaft im 7. Jahrhundert (Kirchen in Balsemão-Lamego und São Frutuoso-Braga) sowie auf die nachfolgende arabische (Kirche in Mértola, zahlreiche Befestigungsanlagen, besonders das Castelo dos Mouros bei Sintra).

Von cluniazensischen (französischen) Mönchen wurden in der zweiten Hälfte des 11. Jahrhunderts in den nördlichen Landesteilen (das übrige Land stand noch unter maurisch-islamischer Herrschaft) zahlreiche große und kleine Kirchen gebaut, und dabei der

romanische Stil

im Lande eingeführt. Die diesem Stil eigenen schweren und massiven Konstruktionen, sparsam durchbrochen von rundbogigen Öffnungen, schienen wie für die Ewigkeit geschaffen. Sie hatten zum Teil gleichzeitig als Fluchtburgen zu dienen und waren dementsprechend oft mit Schießscharten und Zinnen besetzt. Die Kathedralen in Braga und Porto, besonders aber die von Coimbra, sind Beispiele dafür, ebenso der „Domus Municipalis" in Bragança für den zivilen Bereich. Daneben gibt es besonders in der Provinz Minho Dutzende kleiner romanischer Dorfkirchen, wie etwa die von Bravães am Oberlauf des Rio Lima, oder von Tarouquela am Douro.

Im 13. Jahrhundert setzte sich, gleichfalls von Frankreich ausgehend, aber englisch beeinflußt, der

gotische Stil

durch, der mit seinen aufstrebenden lichten Formen und Raumverhältnissen den Kreuzzugsgeist jener Zeit und die Überwindung der Diesseits verkörpert. Drückte die romanische Kirche die „Ruhe in Gott" aus, so die gotische das „Näher zu Gott". Die Klöster bzw. Klosterkirchen in Alcobaça und Batalha sind typische Beispiele dafür. Doch die ständigen Kämpfe gegen die Mauren und die spanischen (leon-kastilischen) Hegemoniebestrebungen, sowie wirtschaftliche Unzulänglichkeit, ermöglichten größere Bauvorhaben erst im 15. und 16. Jahrhundert, als durch die koloniale Expansion der Reichtum des Landes schnell zunahm. Und wie dieses im 16. Jahrhundert unter dem König Manuel I. seine größte Machtentfaltung erlebte, so bildete sich zur gleichen Zeit (1495–1580) eine für Portugal originäre Stilrichtung heraus, der aufwendige und offensichtlich kostspielige

manuelische Stil,

ein Dekorationsstil, in dem sich die späte Gotik mit der frühen Renaissance verband, unter Verwendung maurischer, aber auch orientalischer (indischer) Stilelemente, entsprechend den vielen überseeischen Einflüssen, mit welchen die Portugiesen in jener Zeit konfrontiert wurden. Das Einmalige war aber, daß hier außerdem die Seefahrt mit ihren Sinnbildern und mit vielen Profangegenständen ihren Ausdruck fand; seltsam aber nicht unverständlich, hatte doch gerade die Seefahrt diese beispiellose Entwicklung Portugals (und damit seiner Architektur) zuwegegebracht.

Das auffälligste Merkmal dieses Stils sind gedrehte Säulen mit stark ziselierten indischen Kapitellen, maurische Stalaktitenbögen, die von konkaven und konvexen Blendbögen und Girlanden überwölbt sind. Dazu, wie erwähnt, die Sinnbilder von Meer und Schiffahrt wie Taue, Anker, Ankerketten, Segel,

Muscheln, Fische, Korallen usw., die alle freien Flächen ornamentartig überziehen. Die bedeutendsten Baumeister dieses Dekorationsstils waren João de Castilho aus Santander (tätig von 1515 bis 1552) und der aus Frankreich stammende Architekt Boytac.

Schulbeispiele dieses Stils sind das Jerónimos-Kloster in Belém, die „Janela" in Tomar und die Capelas Imperfeitas in Batalha. Aber auch sonst stößt man, besonders bei den Kirchenfassaden, immer wieder auf diese Stilrichtung, ebenso bei den Pelourinhos auf den Marktplätzen.

Da die überfeinerte Lebensart der von den Christen verdrängten maurischen Herrenschicht bei den ersteren nach wie vor als vornehm und nachahmenswert galt, blieb neben dem manuelischen auch der maurische Dekorationsstil in Mode. Er wurde von im Lande gebliebenen (christianisierten) maurischen Künstlern, die „Mudejares" (= Gewandelte) genannt wurden, praktiziert, und dementsprechend **Mudéjar-Stil** genannt. Wer sich dafür interessiert, sollte insbesondere den Königspalast in Sintra oder São Francisco in Evora besuchen.

Gleichzeitig mit dem manuelischen Stil fand zu Anfang des 16. Jahrhunderts auch der

Renaissance-Stil

(= „Wiedergeburt" der Antike) einige Verbreitung, wenn auch immer wieder in Anlehnung an manuelische Stilelemente. Beispiele dieser portugiesischen Renaissance sind Kirchen wie São Vicente in Lissabon, da Conceição in Tomar und weitere Kirchen in Porto, Leiria usw. In Coimbra entstand in jener Zeit eine Bildhauerschule mit namhaften Künstlern wie Chanterène, Houdart, João de Ruão u. a.

Im 17. und 18. Jahrhundert entstanden im Zeichen des überschwenglichen

Barock

im ganzen Land, besonders in den nördlichen Provinzen, viele prachtvolle Kirchen, Klöster und Palastbauten. Auch viele Kircheneinrichtungen wurden in jener Zeit barock erneuert

---

TOMAR. Die berühmte „Janela manuelina" in der Christusritterburg, ein Musterbeispiel des manuelischen Dekorationsstils.

oder ergänzt. Eines der markantesten Werke dieses Zeitalters ist das unter König João V. von einem süddeutschen Architekten erbaute Kloster zu Mafra, eines der schönsten ist das Pantheon (Santa Engracia) in Lissabon.

Ein wesentliches Element der Barockkunst war vergoldetes Holzschnitzwerk in einer teilweise unvorstellbaren Üppigkeit, z. B. in São Francisco in Porto oder Santo António in Lagos. Die Verwendung von Azulejos zu wandfüllenden Gemälden (vgl. Abschnitt A 12) erfuhr ihren Höhepunkt.

In die Auslaufperiode des Barock fiel das große Erdbeben (1755), dem ein großer Teil der kunstgeschichtlich bedeutenden Bauten zum Opfer fiel. Unter Marquês de Pombal begann unmittelbar danach der Wiederaufbau. Für die repräsentativen Regierungsgebäude, Theater usw., die die großen Paradeplätze (Rossios) zu flankieren hatten, war der seit 1770 überall in Europa durchgedrungene

klassizistische bzw. neuklassische Stil

mit seinen den antiken Vorbildern nachgefühlten klaren und würdigen Bauformen sehr willkommen, wenn er auch gerade in Portugal in Anbetracht des durch das Erdbeben entstandenen großen Nachholbedarfs nicht immer zu den glücklichsten Lösungen führte.

Einer der maßgeblichsten Architekten des Wiederaufbaus war der Militäringenieur Eugenio dos Santos Carvalho, dessen Hauptwerk die Praça do Comércio mit dem Triumphbogen ist.

In der nachklassizistischen Zeit (nach 1830) trat in der Baukunst, wie überall in Europa, so auch in Portugal eine gewisse Leere auf. In Portugal behalf man sich großenteils damit, daß man den „Portugiesischen Stil" (Manuelik) wieder aufleben ließ bzw. kopierte (Palast-Hotel im Buçaco-Wald, Rathaus in Sintra), oder man befleißigte sich eines Misch- oder Phantasiestils, wobei immer wieder außereuropäische Einflüsse zur Geltung kamen (Pena-Palast und Palácio de Monserrate bei Sintra).

In der Neuzeit

hat man sich bemüht, die überkommenen Stadtbilder (Stadtkerne) möglichst unverfälscht zu erhalten, was den Portugiesen mit ihrem ausgeprägten Sinn für Tradition und Vergangenheit besonders liegt. Moderne zweckbetonte Bauten entstanden meist in „Randstädten", wie etwa die Universitäts-,

Krankenhaus- und Wohnbauten im Nordosten Lissabons, sowie die dortige moderne Kirche da Fatima (1938).

11.
Portugiesische Malerei

Die ersten Impulse für die bildende Kunst Portugals kamen von flämischen Malern, insbesondere von Jan van Eyck,
der 1428 im Gefolge einer Gesandtschaft an den portugiesischen Hof kam. Die ersten portugiesischen Maler sind unter
dem Gattungsnamen „**Primitive**" (1450–1505) bekannt, deren
Werke in verschiedenen Museen des Landes hängen. Der leuch-
tendste Stern derselben, und vielleicht der bedeutendste portugiesische Maler überhaupt war **Nuño Gonçalves**, der 1450 an
den Hof von Afonso V. kam und dort 30 Jahre wirkte. Sein
bedeutendstes erhaltenes Werk ist der **Vinzenz-Altar** (um
1460), ein insgesamt 5 zu 2,20 m großes Polyptychon in 6 Tafeln,
das zu den hervorragendsten Werken der abendländischen
Malkunst zu zählen ist. Es zeigt in unperspektivischer aber
zwanglos gestaffelter porträthafter Darstellung die Schlüssel-
figuren jener Zeit (z. B. Heinrich den Seefahrer) und der verschiedenen Stände des portugiesischen Volkes, womit es auch
historische und vaterländische Bedeutung hat, und das malerische Gegenstück zu den Lusiaden bildet. Im Museu de Arte
Antiga in Lissabon wird es verwahrt, ebenso wie ein anderes
bedeutendes Kunstwerk jener Zeit, das rätselhafte anonyme
Gemälde „**Ecce Homo**" mit dem über die Augen gefallenen
Schweißtuch.

Mit der Zunahme der politischen Bedeutung Portugals gewann auch seine Malerei an Umfang. **König Manuel** ließ flä-
mische Künstler nach Portugal kommen, unter ihnen **Francisco Henriques**, der von 1500 bis 1518 vor allem in Evora
tätig war, wo er u. a. die Tafeln des Hochaltars von São Francisco (im Museum in Lissabon) schuf. An der Malschule von
Viseu lehrte **Vasco Fernandes**, der „Grão Vasco" (1480—1543)
und Gaspar Vaz, deren Werke sich zum Teil im Museum zu
Viseu befinden.

Die **Lissaboner Schule** setzte sich mit folgenden Malern
fort: Jorge Afonso, von 1508 bis 1540 Hofmaler bei Manuel I.
Dessen Schwiegersohn und Nachfolger Gregório Lopes (bis
1551), bei dem erstmals die portugiesische Landschaft als Bild-

hintergrund erscheint. Er soll zusammen mit seinem Schüler **Christóvão de Figueiredo** (bis 1540) und mit Garcia Fernandes (Schwiegersohn von Henriques) die Tafeln von Setúbal und die in der Klosterkirche Ferreirim (Lamego) gemalt haben. Dem besonders farblich sehr begabten Figueiredo werden auch die Altarbilder der Santa Auta (Lissabon) und das Triptychon in Caldas da Rainha zugeschrieben.

Eine Sonderstellung nimmt die aus Spanien stammende Malerin Josefa d'Ayala ein, die als „Josefa d'Obidos" bekannt wurde. In Obidos arbeitete sie unbeeinflußt bis zu ihrem Tode (1684), und schuf eigenartige Stilleben in pastellartiger Manier.

Nach der Stagnation während der spanischen Zwischenherrschaft orientierten sich die portugiesischen Maler an französischen und italienischen Vorbildern des Barock. Beliebt waren der Watteau-Schüler Quillard (1701-1733), und besonders der von König João V. protegierte Altarbildmaler Francisco Vieira de Matos, bekannter unter dem Namen **Vieira Lusitano** (1699—1783), sowie der Porträtist und Zeichner **Domingos António de Sequeira** (1768–1837), der die Hell-Dunkel-Effekte praktizierte und mit Goya verglichen werden kann.

Die Kunstrichtung der **Romantik** ist besonders vertreten durch Anunciação, Visconde de Meneses, Cristino, Miguel Lupi und Chaves.

Das ausgehende 19. Jahrhundert brachte von neuem bedeutende Maler hervor, insbesondere **„Columbano" Bordalho Pinheiro** (1856–1929), dem im Museu de Arte Contemporânea (zeitgenössische Kunst) ein eigener Saal gewidmet ist. Deckengemälde im Militärmuseum stammen von seiner Hand. Dazu die naturalistischen Landschaftsmaler Silva Porto (1850–1893), Marqués de Oliveira (1853–1927), Alfredo Keil (1850–1907), Arturo Loureiro (1853–1932), Sousa Pinto (1856–1939) und König Carlos, der 1908 ermordet wurde. João Vaz (1859–1916) ist für seine Marinebilder bekannt, und der frühvollendete Henrique Pousão (1859–1884) war ein früher Impressionist. Dazu noch die Landschaftsmaler und Zeichner Salgado, Carlos Reis und Sousa Lopes (1897–1944). Nicht zu vergessen der sehr vielseitige **José Malhôa** (1855–1933), der in seiner Heimatstadt Caldas da Rainha arbeitete, wo ihm das Stadtmuseum gewidmet ist.

Vertreter der **modernen Kunst** des 20. Jahrhunderts sind insbesondere Amadeo de Sousa Cardoso, Almada Negreiros (Fresken in den Hallen der Anlegestellen Rocha do Condo und Alcántara), António Soares, Carlos Botelho und Maria Vieira da Silva.

12.
Azulejos

Eine besondere und auffällige Eigenart Portugals sind die Wandplattendekorationen und Wandplattengemälde, die man nicht nur in Kirchen und Palästen, sondern auch in Bahnhöfen, an öffentlichen Brunnen und Parkbänken und an den Außenflächen der Gebäude findet.

Die Entwicklungsgeschichte dieser Art von Wandbekleidung führt von den Persern zu den Arabern, die sie bei ihren Invasionen nach Italien und Spanien mitgebracht hatten (die portugiesischen Mauren hatten offensichtlich keine solche Platten!). Die Portugiesen lernten die Azulejos (azul = blau) zuerst in Marokko kennen, wo sie seit der Einnahme von Ceuta (1415) immer wieder ungebeten an Land gingen. Doch kamen die ersten im 16. Jahrhundert verwendeten Platten aus Sevilla, wo sie von maurischen Künstlern in einem „cuerda seca" genannten Verfahren hergestellt wurden. Man findet diese „hispano-maurischen Azulejos" als Raritäten z. B. in Abrantes, Lamego, Viana do Alentejo, Montemor-o-Velho und in Madre de Deus in Lissabon.

Die ersten in Portugal selbst hergestellten Azulejos entstanden 1584, zuerst einfarbig in blau, dann in der zweiten Hälfte des 17. Jahrhunderts mehrfarbig, meist noch in geometrischen Zierformen. In der zweiten Hälfte des 17. Jahrhunderts entstanden mit dem einsetzenden überschwenglichen und lebenslustigen Barock wandfüllende Azulejos-Gemäldekompositionen, die je nach dem Standort Heiligenlegenden oder Jagd-, Schlachten- oder Genreszenen bäuerlicher oder galanter Art darstellten, oft nach Gemäldemotiven zeitgenössischer Maler, besonders französischer. Sie waren nach dem Geschmack der Zeit mit Rocaillegirlanden umgeben. Die portugiesische Nachfrage war nach den Befreiungskriegen so groß, daß sich auch die Holländer auf dem portugiesischen Markt breitmachen konnten, wobei die blauen Fliesen aus Delft zeitweise die Moderichtung bestimmten und die bunten Kacheln verdrängten.

Im 18. Jahrhundert ging die Initiative wieder auf die Portugiesen über, nachdem der Künstler António de Oliveira Bernardes und sein Sohn Policarpo die holländische Manier übernommen und verbessert hatten. Ihre Themen entstammen mit Vorliebe dem Alten Testament. Aus ihrer Werkstatt kamen viele noch heute erhaltene Wandgemälde, so z. B. in Almancil (bei Faro), in Viana do Castelo, Peniche usw.

Im auslaufenden Barock bzw. im Rokoko (2. Drittel des 18. Jahrhunderts) wurden die komplizierten Randverzierungen immer breiter, die Bilder selbst immer kleiner. Nun wurde die Fliesenbemalung erstmals auch im Druckverfahren hergestellt, um die immer noch steigende Nachfrage befriedigen zu können.

Die nach dem Erdbeben von 1755 gegründete königliche Azulejos-Manufaktur „do Rato" begann mit mehrfarbigen Azulejos, zunächst mit Rocaillemusterung, und insbesondere zum zeitgeschmacklichen Dekor von Brunnen, Platzanlagen, Wirtschaftsräumen usw. bestimmt. Am Ende desselben Jahrhunderts brachte sie im Sinne des nun herrschenden Klassizismus eine Vereinfachung in Auswahl und Gestaltung der Motive (Blumen, Vögel, Rosetten usw.), sowie eine Beschränkung der Farben auf grün, braun und gelb.

Diese Gestaltung der Azulejos hielt bis ins 19. Jahrhundert an. Inzwischen hat sich fast ausschließlich die Industrie der Azulejos (mechanische Herstellung) bemächtigt, die nach wie vor bei der Bekleidung von Wandflächen beliebt sind.

Schöne und vollständige Azulejossammlungen befinden sich u. a. im Museum von Madre de Deus in Lissabon, in Lamego und im Königlichen Palast zu Sintra.

13.
Die Wirtschaft Portugals

Ungeachtet dessen, daß fast ein Drittel des Bodens für eine landwirtschaftliche Nutzung ungeeignet ist, ist Portugal doch noch immer in erster Linie ein **Agrarland,** das 40 % der Bevölkerung beschäftigt und die Ernährung der gesamten Bevölkerung gewährleistet.

Die Töpferei ist in Portugal ein althergebrachtes Gewerbe, das gleichzeitig der Volkskunst zuzurechnen ist. Im Algarve ist dieses Kunsthandwerk besonders in dem zur Stadt Lagoa * gehörenden Ortsteil PORCHES zu Hause.

Der Norden des Landes ist kleinparzelliert und dicht bevölkert. Hier wachsen vor allem Mais, Bohnen, Kartoffeln, Roggen, Gemüse und Wein (vinho verde). Die immer grünen Wiesen dienen der Haltung einer kleinen Rinderrasse, die sich durch gewaltige lyraförmige Hörner auszeichnet und auch als Zugtier dient.

In Mittelportugal kommt Weizen hinzu. Die Berghänge sind mit Olivenbäumen und Korkeichen bestanden. Auf den Rasenflächen der Hochebenen und im Gebirge ziehen große Schafherden, die z. B. in Covilha am Rand des Estrêla-Gebirges eine beachtliche Wollindustrie entstehen ließen.

Südlich des Tejo (Alentejo) herrscht der Großgrundbesitz vor. Die Dörfer sind großenteils als Landarbeiterwohngemeinden anzusprechen. Hier trifft man unübersehbare Weizenfelder, Olivenanlagen und Korkeichenwälder. Daneben züchtet man Pferde und Rinder, und vor allem den Kampfstier.

Das Algarve ganz im Süden kann als Obsthainlandschaft bezeichnet werden, wo der Klein- und Mittelbesitz vorherrscht. Auf dem Boden werden Bohnen, Erbsen, Weizen, Gerste, Tomaten, Melonen und sonstige Gartenfrüchte gezogen; darüber, gewissermaßen in der zweiten Etage, stehen die schattenspendenden Johannisbrot-, Feigen-, Mandel-, Oliven-, Granatapfel-, Pflaumen-, Orangen- und Zitronenbäume. Selbstverständlich fehlt im Algarve auch die Weinrebe nicht. Charakteristisch sind die Wasserräder, die wie zu arabischen Zeiten das Grundwasser zur Bewässerung der Gemüsegärten zutage fördern.

Aus den Früchten des Johannisbrotbaums, die früher lediglich als Viehfutter dienten, wird heutzutage ein Sirup hergestellt. Für den Olivenanbau ist das trockene Klima Südportugals besonders geeignet, so daß Portugal in der Ölproduktion (genauso wie in der Weinerzeugung — vgl. folgenden Abschn.) an sechster Stelle in der Weltrangliste steht, in der Korkproduktion sogar an erster Stelle. Die Korkeiche liebt eine hohe Luftfeuchtigkeit, ist aber gegen Kälte weitgehend unempfindlich. In einem Alter von 15 Jahren werden die Bäume zum ersten Mal geschält, was dann alle 9 Jahre (Mindestfrist) wiederholt wird.

In den Niederungen der großen Flüsse wird mit Nachdruck der Anbau von Reis betrieben, um auch auf diesem Sektor den Inlandsbedarf sichern zu können.

Ein Viertel Portugals ist mit **Wald** bedeckt, vor allem mit Pinien, Kastanien, Stein- und Korkeichen und Eukalyptusbäumen. Letztere trifft man bevorzugt auch als Alleebäume, da sie raschwüchsig sind und als unverwüstliche Wassersucher auch in Trockengebieten vorankommen. Neben der Holznutzung nimmt auch die Harzgewinnung (von Pinien) einen breiten Raum ein, und Portugal steht mit diesem wertvollen Rohstoff in Europa an erster Stelle. Nach dem Raubbau am Wald während der Konjunkturzeit im 2. Weltkrieg wurde eine planmäßige Wiederaufforstung betrieben, die nun abgeschlossen ist.

Die **Fischerei** war in dem meerorientierten Portugal schon immer einer der wichtigsten Erwerbszweige und Ernährungsfaktoren, zudem der Atlantik wesentlich fischreicher ist als beispielsweise das Mittelmeer. Gegenwärtig sind ungefähr 17 000 Fischereifahrzeuge registriert, die jährlich fast 400 000 t Fische an Land ziehen, davon je 80 000 t Sardinen und Kabeljau, letzteren in den Gewässern von Labrador und Grönland gefangen. Vor der Algarveküste wird auf den Thunfisch Jagd gemacht. In der Nähe der Fischerhäfen gibt es allenthalben Konservenfabriken, in welchen die Fänge (vor allem Sardinen und Thunfisch) unmittelbar verarbeitet werden, um größtenteils in den Export zu gehen.

Die **Bodenschätze,** die vor allem im Bereich des Granit zu finden sind, sind verhältnismäßig umfangreich, jedoch handelt es sich oft um kleinere Lager, die den Abbau wegen der Erschließungskosten nicht immer lohnen. Auch liegen sie oft weitab jeglicher Verkehrswege.

Ältester Zweig des Bergbaus ist wohl der Abbau des Kupferpyrits, der als Fortsetzung der ausgedehnten spanischen Lager vom Rio Tinto bei São Domingo (Alentejo) ansteht und auf dem Rio Guadiana verfrachtet wird. Daneben wurde Portugal in den Sechzigerjahren einer der größten Produzenten von Wolfram, das bei Fundão gefördert wird, und nun wertmäßig an der Spitze der Produktion liegt. Von Bedeutung ist auch die Förderung von Zinn und Uran, während der Abbau des Eisenerzes, ebenso wie die Ausbeutung der Kohlevorkommen, Schwierigkeiten bereitet und noch ungenügend ist. Der

Bedarf an Rohöl muß fast restlos durch Einfuhren gedeckt werden, was auch in den Benzinpreisen zum Ausdruck kommt. Dafür sind die reichlich vorhandenen Wasserkräfte, die in Dutzenden von Stauseen gesammelt werden, die wichtigsten Energiequellen des Landes. Nicht zu vergessen auch die Gewinnung von Kochsalz aus dem Meer, die ein uralter Wirtschaftszweig ist.

Die **verarbeitende Industrie** hat nach teilweiser Sozialisierung Übergangsschwierigkeiten. Sie konzentrierte sich bis jetzt auf die Ballungsräume Porto und Lissabon.

Abgesehen von einem schon immer stark verbreiteten Gewerbe und Hausgewerbe (Keramik, Wollweberei, Gold- und Silberwaren, Teppichherstellung, Stickerei) und dem Schiffbau, war die Verarbeitung von Lebensmitteln (Konserven, Müllerei, Tabakwaren usw.) bis vor wenigen Jahren die einzige nennenswerte Industrie. Nun gibt es u. a. Möbel-, Bau-, Bekleidungs-, Papier-, Maschinen-, Elektro-, Kork-, Kraftfahrzeug- und chemische Industrie, wovon die Bekleidungsindustrie mit 40 % aller Beschäftigten die wichtigste ist, wobei diese nicht auf die beiden Großstädte beschränkt, sondern zu zwei Dritteln um die Provinzstädte Guimarães und Alcobaça gruppiert ist. Eine gleichfalls wachsende Schwerindustrie umfaßt u. a. zwei Stahlwerke und zwei Erdölraffinerien.

Die wichtigsten **Ausfuhrgüter** sind (in dieser Reihenfolge) Textilien, Kork und Korkprodukte, Fischkonserven, Weine und Mineralien. Dazu kommt als weiterer Aktivposten der zunehmende Tourismus, der mehr einbringt als die Exporte von Textilien, Fischkonserven und Wein zusammengenommen.

Die wichtigsten **Einfuhrgüter** sind Erdöl, Roheisen, Baumwolle, Maschinen und Apparate, sowie Kraftwagen und Kraftwagenteile für die Montage. Hauptlieferant ist die Bundesrepublik.

Die portugiesische Handelsbilanz ist seit 1974 nicht mehr ausgeglichen, was sich auch in der Instabilität des Escudo und dessen eingeschränktem Handel ausdrückt.

Die **Löhne der Arbeitnehmer** sind entsprechend dem Wachstum der Industriekapazität in den letzten Jahren (seit 1966) schrittweise stark angehoben worden, sind aber, gemessen an mitteleuropäischen Verhältnissen, noch immer verhältnismäßig niedrig, da sie auch der seit 1975 grassierenden Inflation hinterherhinken.

14.
Port- und andere Weine

Portugal ist nicht zuletzt auch ein Weinland, das sogar an sechster Stelle in der Rangliste der weinproduzierenden Länder steht, denn rund ein Zehntel seiner Anbaufläche ist mit Reben bestanden, die damit auch ein wesentliches Landschaftselement bilden.

Bekanntestes Aushängeschild des portugiesischen Weinbaus ist der Portwein, bekannter als die Stadt, nach der er benannt ist. Dabei wächst dieser Wein nicht einmal bei Porto, sondern am oberen Douro, ca. 60 bis 160 km östlich von Porto. In Porto selbst, zum größten Teil jedoch in der Schwesterstadt Vila Nova de Gaia, wird er jedoch verarbeitet, eingelagert und ausgeführt. In Porto ist auch der Sitz der großen Portweinhandelsgesellschaft, die den Anbau überwacht, und neben der Börse befindet sich das Instituto do Vinho do Porto.

Das „Pais do Vinho do Porto" (Portweinland) beginnt unweit westlich von Régua und erstreckt sich von da bis zur spanischen Grenze. Es liegt ausschließlich im Bereich des heißen schieferigen Grundgebirges, genannt Terra Quente (= heiße Erde) und umfaßt fast ausschließlich steile Terrassenhanglagen. Die feuchten ozeanischen Winde reichen nicht mehr bis hierher, vielmehr herrscht in diesem Bereich ozeanisches Klima mit langen heißen und trockenen Sommern und (in den Tallagen) gemäßigten Wintern.

Die Portweinerzeugung begann bereits im 17. Jahrhundert, um einer Vorliebe der Engländer für alkoholreiche Süßweine entgegenzukommen. 1703 wurde der Methwen-Vertrag (Portweinvertrag) abgeschlossen, der dem Portwein in England wesentliche Zollvergünstigungen gewährte und seinen Absatz in ungeahnter Weise erweiterte. Nachdem zunächst englische Handelsgesellschaften praktisch ein Erzeugermonopol hatten, gründete 1750 der berühmte Marquês de Pombal eine portugiesische Erzeugergesellschaft und erließ strenge Produktionsvorschriften, die die Qualität des Portweins noch weiter verbesserten.

Das Geheimnis des Portweins besteht darin, daß die Gärung des Traubensafts im geeigneten Zeitpunkt durch Zusatz von Weinbrand unterbrochen wird. Dies geschieht früher (für süßen Porto) oder später (für herben) und wird bei jedem Abstich wiederholt. Im Frühjahr werden die Fässer per Segelboot oder per Bahn nach Porto bzw. Vila Nova de Gaia transportiert, wo sie in unterirdischen Hallen jahrelang gelagert werden, im Extremfall 100 Jahre und mehr.

Der Portwein wird in Dutzenden von Geschmacksrichtungen und Farbabstufungen produziert und wird in der Hauptsache ausgeführt, jährlich mit ca. 30 Millionen Liter. In den Stammhäusern der Portweinfirmen finden täglich Besichtigungen statt, die regelmäßig in Probierstuben enden.

Eine andere wichtige Weinsorte ist der „Vinho Verde" (Grüner Wein), der im unteren Dourotal und im nördlich angrenzenden Minho-Gebiet angebaut wird. Mittels Spanndrähten, die an Bäumen oder Granitpfählen befestigt sind, werden die Reben ca. 3 m über dem Boden laubenartig entlanggezogen, um die Hitzereflektion des Bodens zu vermindern und die Reife der Trauben zurückzuhalten. Der Wein ist säure- und gerbstoffreich und daher herb und spritzig, mit verhältnismäßig niedrigem Alkoholgehalt.

Ein weiteres großes zusammenhängendes Weinbaugebiet liegt im Bereich des oberen Dão, nordöstlich von Coimbra. Dão-Weine sind ausgereifte aromatische Tischweine, genannt „maduro", mit höherem Alkoholgehalt. Im Galegogebiet bei Lissabon wächst der trockene Carcavelos, und im Bereich des Arrábidagebirges der süße Moscatel. Weitere Süßweine sind der likörähnliche „Estremadura" und die Madeiraweine, die süß oder halbsüß, aber nicht so schwer wie Portwein sind, und besonders als Cocktailwein in Betracht kommen.

Auch Schaumweine (Espumantes) werden in verschiedenen Geschmacksrichtungen erzeugt, vor allem im Gebiet von Lamego und Anadia.

B.
REISEN UND BADEN IM ALGARVE

1.

Das Algarve

ist die südlichste Provinz Portugals, und von der angrenzenden Provinz Alentejo durch ein von O nach W verlaufendes Bergland getrennt. Dies ist im O die Serra do Caldeirão, die wegen ihrer leicht zerfallenden schieferigen Gesteinsbeschaffenheit ein welliges Bild zeigt und nur bis 525 m hoch ist, und westlich davon die aus Eruptivgestein (dem granitähnlichen Foiait) aufgebaute Serra de Monchique mit der Bergkuppe Foia (902 m) als höchstem Punkt. Südlich vor diesem Bergland erstreckt sich auf eine Länge von 150 km die aus Kalkhügeln bestehende Küstenzone, die an das Meer grenzt. Die Küste selbst wird westlich der Stadt Faro (= Barlavento) von steilabfallenden Felswänden gebildet, die mit vielen Sandbuchten durchsetzt sind, während östlich von Faro (= Sotavento) bis zum Grenzfluß Guadiana ein ununterbrochener Sandstrand verläuft.

Das Algarve unterscheidet sich in jeder Beziehung vom übrigen Portugal, denn die erwähnten Bergzüge bilden eine Klima- und Wetterscheide und bewirken ein subtropisches Klima mit verhältnismäßig geringen Regenfällen. Hier gedeihen alle Sorten wärmeliebender Pflanzen und Früchte wie Orangen, Zitronen, Feigen, Mandeln, Oliven, Johannisbrot usw., sowie Palmen und Agaven, letztere oft als schützende Umzäunung angepflanzt. Dazu viele seltene oder bekannte Blumen, darunter unsere liebe Geranie, die hier entlang der Straßenränder wild wächst.

Die Tatsache, daß sich die Mauren hier in ihrer westlichsten Provinz (arabisch Al Gharb = der Westen) am längsten hielten, drückt sich in dem oft sehr afrikanisch anmutenden Häuserbau und in dem kleinen dunklen Menschenschlag und dessen ausgeprägtem Reinlichkeitsbedürfnis aus. Neben der gartenmäßig betriebenen Landwirtschaft ernährt vor allem das Meer die verhältnismäßig zahlreiche Bevölkerung (ca. 150 auf 1 qkm). Der Fischfang (vor allem auf Sardinen und Thunfisch) erbringt mehr als ein Drittel des Gesamtertrags Portugals.

Provinzhauptstadt und Hafenplatz ist Faro * (ca. 30 000 Einwohner), wo sich auch der internationale Flughafen befindet. Weitere wichtige Hafenstädte mit teilweise bedeutender Fischkonservenindustrie sind Vila Real de Santo António *, Olhão *, Portimão * und Lagos *.

Das Algarve hat auf Grund seiner touristischen Vorzüge ganzjährige Fremdenverkehrssaison und ist die von deutschen und benachbarten Reisebüros am meisten angeflogene Urlaubszone Portugals. Die besuchtesten Touristenzentren sind Monte Gordo, Faro, Portimão, Praia da Rocha, Albufeira und Lagos. Sehr viele Ausländer, besonders Engländer, haben das Algarve als angenehmen Ruhesitz gewählt.

2.
Der Algarveküste entlang

Die N 125, die in geringem Abstand hinter der Südküste verläuft, bildet die große Ost-West-Achse und die Lebensader der Provinz Algarve. In ihrem Bereich liegen die wichtigsten Städte und Siedlungen der Provinz.

Die Beschreibungen der seitwärts dieser Hauptstraße gelegenen interessanten Land- und Ortschaften sind nachstehend in Kleindruck gesetzt, um das Abreißen des „Roten Faden" zu vermeiden. Aus dem selben Grund sind umfangreichere Stadt- und Ortsbeschreibungen ausgeworfen und unter der nachfolgenden Ziffer 5 in alphabetischer Reihenfolge getrennt aufgeführt, eine Handhabung, die sich in Dutzenden anderer Goldstadtführer bestens bewährt hat. Die diesbezüglich in Betracht gekommenen Städtenamen tragen in nachstehenden Streckenbeschreibungen einen Stern (*).

a. Vila Real de Santo António — Faro (53 km): Viele motorisierte Touristen reisen über Südspanien (vgl. Goldstadtführer Band 41) nach Portugal ein, vor allem wenn das Algarve ihr Hauptreiseziel ist. Sie werden im spanischen Ayamonte auf die Fähre fahren, die sie über die mehrere Kilometer breite Mündungsbucht des Grenzflusses Rio Guadiana nach der portugiesischen Grenzstadt **Vila Real de Santo António** * übersetzt (der nächste auf eigener Achse befahrbare Grenzüber-

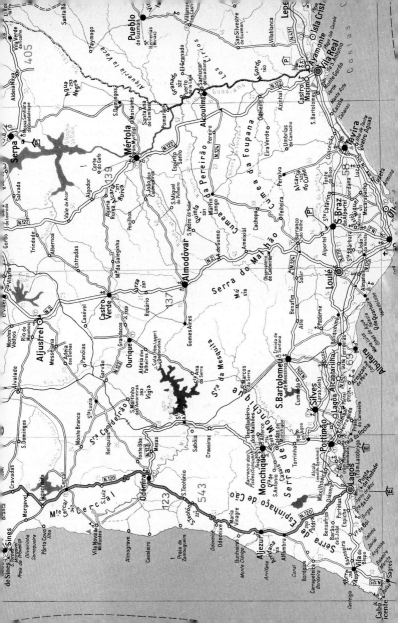

gang wäre 100 km nördlich, in Höhe von Serpa). An dieser sehr jungen Fischerhafenstadt (sie wurde erst vor 200 Jahren gegründet) ist vor allem der kilometerlange Badestrand von **Monte Gordo** interessant (Hotels, Pensionen, Casino, Campingplatz), den man über eine 4 km lange Waldstraße erreicht. Dieser kleine Umweg über Monte Gordo (das 1 km seitlich der Hauptstraße N 125 liegt) ist zu empfehlen. Durch das Fischerdorf Monte Gordo hindurch erreicht man dann in kürzester Frist wieder die Hauptstraße, die durch fettes Garten- und Gemüseland hinter den hohen pinienbestandenen Dünen entlangzieht.

Linker Hand führen Stichstraßen zur **Praia Verde** und zur **Praia de Manta Rota,** die praktisch nur Verlängerungen der Praia de Monte Gordo darstellen.

Weiterhin meerwärts eine weitere Stichstraße zu dem sehr alten Marktflecken **Cacela,** in welchem wiederholt frühgeschichtliche Funde gemacht wurden. Kirche mit interessantem Portal und einem spätmittelalterlichen Fort, wie sie in der zweiten Hälfte des 17. Jahrhunderts zum Schutz gegen die eben erst abgeschüttelten Spanier allenthalben an der Küste errichtet wurden.

Die Küstenstraße führt durch Oliven- und Mandelkulturen entlang der Bahnlinie und kreuzt diese bei **Conceição** (Badestrand Cabanas, 1 km). Rechter Hand das neuerbaute Motel Oliveira, mit viel Komfort.

Dann die von ihrem Maurenkastell überragte Stadt **Tavira***, Zentrum des Thunfischfangs. Man kann die Stadt auf einer Umgehungsstraße nördlich umfahren, und erreicht dort als nächstes das Dorf **Luz de Tavira,** wo man eine Renaissancekirche mit (seitlich) manuelischem Portal besichtigen kann. Durch die der Küste vorgelagerte große Sandinsel (Ilha de Tavira) ist der Küstensaum selbst zum Baden nicht so sehr geeignet. Der auffallende Berg landeinwärts ist der Monte São Miguel (408 m). Dann wenig südlich der Hauptstraße das Fischer- und Weinbauerndorf **Fuseta** mit altem Fort und Badestrand auf vorgelagerter Sandinsel.

Die Straße führt weiter durch landwirtschaftlich sehr intensiv genutztes Ackerland, das zum Schutz vor zu großer Sonneneinstrahlung dicht mit Bäumen aller Art besetzt ist. (auffallend sind hier besonders die großen dichtbelaubten und intensiv grünen Johannisbrotbäume, die vor fast 1000 Jahren die Mauren hier eingebürgert haben) und erreicht **Olhão*** mit seiner afrikanisch anmutenden Altstadt (Badestrand auf der der Stadt vorgelegten Sandinsel).

5 km nordwestlich können die römischen Ruinen von Milreu (bei Estoi) besichtigt werden (→ Faro *).

Die N 125 durchquert eine gutbebaute Kulturlandschaft mit Mandel-, Oliven-, Feigen- und Johannisbrotbäumen, und mit gedrungenen Palmen. Dann die Provinzhauptstadt **Faro *** hinter einem breiten Streifen von Lagunen (Brackwasser) und Sanddünen, auf deren einer der Badestrand liegt, während auf einer anderen sich der 28 m hohe Leuchtturm erhebt, der den südlichsten Punkt des portugiesischen Mutterlandes kennzeichnet.

b. Faro — Lagos (80 km): Man verläßt Faro über den Largo do Camões. Am westlichen Stadtrand führt eine Nebenstraße zum Flugplatz (3 km) und zur Ilha de Faro, Strandplatz von Faro (6 km). Unweit davon zweigt nordwärts eine Nebenstraße ab, die zu der sehenswerten gotischen Kirche **Santa Barbara de Nexe** führt (5 km), gelegen in schöner Aussichtslage.

Bei São João de Venda führt die Nebenstraße N 125-4 nach **Loulé***, besonders zu empfehlen zur Mandelblütenzeit im Januar und Februar bzw. zum Karneval.

Bei km 94 rechts oberhalb der Straße die (2 km vor dem Dorf **Almancil** liegende) weißleuchtende **Kirche São Lorenço de Matos,** die aus romanischer Zeit stammt, aber später barock umgebaut wurde. Ihre Innenwände sind von unten bis oben mit Azulejos verkleidet (1730), die als die schönsten des Algarve gelten (Martyrium des Heiligen). Sie stammen von Polycarp de Oliveira Bernardes, einem der bedeutendsten portugiesischen Künstler des Barock. (Schlüssel in dem Haus gegenüber der Kirche).

Südlich (seewärts) von Almancil liegt die feudale Villensiedlung **Vale do Lobo** mit Hotel und Golfplatz. Von Almancil aus führt auch eine Verbindungsstraße (7 km) nach **Praia de Quarteira ***.

3 km nach Almancil eine wichtige Kreuzung der Straße N 396. Diese führt seewärts nach **Praia de Quarteira *** (6 km) und nordwärts nach **Loulé *** (→ oben).

Unsere Route (N 125) führt durch eine gartenhafte Landschaft, die mit kleinen einzelstehenden Bauernhäusern besiedelt ist, soweit das Auge reicht (Streusiedlungen). Rechter Hand das kleine Dorf **Boliqueime,** zum Concelho Loulé gehörig.

Über Boliqueime führt auch die Straße N 270 nach **Paderne** (6 km) an der Ribeira de Algibre (manuelische Kirche von 1506) und nach **São Bartolomeu de Messines** (22 km, 10 000 Einwohner, manuelische Kirche mit gewundenen Säulen).

Dann wird die Ribeira de Quarteira überquert, und man erreicht bei Ferreiras die Kreuzung der Straße N 395, die nordwärts nach São Bartolomeu de Messines, und südwärts nach der Fischer- und Badestadt **Albufeira** * führt.

Etwas westlich auch Abzweig der Straße N 269, die über **Algoz** (➔ Alcantarilha *) entlang der Bahnlinie **Silves** * erreicht (21 km).

Die Straße führt weiterhin durch eine freundliche Landschaft, dicht bestanden mit Nuß-, Oliven- und Johannisbrotbäumen. Auch die greisenhaft wirkenden grauen Feigenbäume sind zahlreich vertreten.

Dann **Alcantarilha** * mit seinem ausgedehnten und mit zahlreichen Hotels besetzten Badestrand **Armação de Pêra** (3 km). Die N 270 verläuft in einem Abstand von 3 bis 4 km hinter der Küste, zu welcher immer wieder Stichstraßen führen, so bei **Porches** zur Praia Albandeira (Capela Senhora da Rocha), Cova (Höhle) Redonda und Praia Armação de Pêra usw., und in **Lagoa** * zur Praia do Carvoeiro.

Dann **Estombar** mit kleiner hochgelegener manuelischer Kirche. Nach der Bahnunterführung linker Hand das Fischerdorf **Ferragudo,** das an der breiten Mündungsbucht des Rio Arade liegt. Über die 335 m lange Aradebrücke erreicht man den Fischerhafen **Portimão** * mit seiner weltbekannten Praia da Rocha (2 km).

Nach Durchqueren der Stadt entdeckt man linker Hand bei km 39 das Luxushotel Penina-Golf mit eigenem Golfplatz usw. Rechts im Hintergrund die doppelhöckrige Serra de Monchique.

Hier auch Abzweig der Straße nach **Alvor** * mit den Badezentren Praia de Alvor und Praia dos Três Irmãos.

Dann werden die Flüsse Arão und Odiáxere überschritten. In dem Dorf **Odiáxere** selbst ist das manuelische Portal der Kirche interessant, das, wie die breiteren Pfeiler zeigen, früher offensichtlich einen anderen Portalbogen hatte.

Auf der weiten Küstenebene wird Reis angebaut. Der Straße entlang verläuft ein Bewässerungsgraben, der aus dem **Stausee von Odiáxere** gespeist wird (➔ Lagos *, Umgebung

Ziffer 3). Allmählich wird der Blick auf die Bucht von Lagos frei. Linker Hand führen Stichstraßen zu dem ausgedehnten Badestrand Meia Praia mit seinen zahlreichen modernen Hotels. Dann fährt man über die breite Hafenstraße Avenida dos Descombrimentos in die Stadt **Lagos *** ein, die am westlichen Rande der gleichnamigen Bucht liegt.

Variationen: 1. Die Strecke zwischen Boliqueime (bei der Bahnkreuzung) und Alcantarilha kann südlich auf einer Nebenstraße über Albufeira * umgangen werden. Von dieser Nebenstraße aus sind auch die Strandplätze Olhos de Agua, Maria Luisa, Balaia, Oura und Coelha zu erreichen.

2. Die Strecke zwischen Portimão und Hotel Penina-Golf kann über die Praia Rocha und die weiteren Praias Vau, Três Irmãos und de Alvor umgangen werden (ein kurzes Stück dieser Küstenstraße ist noch in schlechtem Zustand).

c. Lagos — Cabo de São Vicente: Man verläßt Lagos, vorbei an den gelben Mauern des Castelo, auf der Umgehungsstraße.

Am Stadtrand Abstecher (2 km südwärts) zu den Felsen der **Ponta da Piedade.**

Sehr schöner Rückblick auf Bucht und Stadt Lagos. An dieser Stelle auch ein schöngelegenes Motel und Bungalows zu vermieten. Die Straße N 125 führt durch eine abwechslungsreiche freundliche Landschaft mit Mandel- und Feigenbäumen.

Meerwärts kann man auf kurzen Stichstraßen verschiedene Badestrände erreichen:
Bei km 20 und 17: **Praia da Luz** (3 km, ➔ Lagos *),
bei km 13: **Burgau,** kleiner Sandstrand und Fischereibetrieb (2 km),
bei km 7,3: **Praia Salema,** kleiner Strandplatz mit Fischereibooten und Hotel (2 km).

Die bienenkorbförmigen Lehmbauten seitlich der Straße sind Kalkbrennöfen. Die zu Boden geduckten Feigenbäume lassen die Nähe der dem Wind besonders ausgesetzten Westküste erahnen. Bei km 4 seitlich der Straße die freistehende romanisch-gotische **Kapelle Na. Sa. da Guadaloupe** mit interessanten romanischen Ornamenten. Sie wird von der Überlieferung zu dem Prinzen Heinrich dem Eroberer in Beziehung gebracht.

In **Raposeira** führt südwärts eine Straße (4 km) zur **Praia Ingrinha,** kleiner einsamer, tief ins Land eingezogener und daher sehr ruhiger Sandstrand, ohne Bewirtschaftung und ohne Unterkunftsmöglichkeit.

Dann erreicht die Straße **Vila do Bispo** (Hauptort eines Concelho) mit 1500 Einwohnern, wo die N 268 erreicht wird, die nordwärts nach Lissabon, und südwärts nach Sagres führt.

In Vila do Bispo ist auf geteerter Straße ein Abstecher zur **Praia do Castelego** an der Westküste möglich (5 km, → Wegweiser). Kurz vor diesem einsamen langen Sandstrand führt rechts aufwärts (Wegweiser: Schild mit Fernglas und Pfeil) ein Erdweg, der zu den einsamen Klippen Torre d'Aspa führt (lohnend!).

Nun überquert unsere Straße ein kahles Felsenplateau, das durch entlang der Straße fast das ganze Jahr blühende Geranien eine etwas freundlichere Note erhält. Dann **Sagres,** ein von Badelustigen und Sporttauchern besuchtes Dorf mit einigen kleinen Badeständen (Martinhal, Baleeira, Mareta) und guten Unterkünften (360 Betten, Auskunft: Turismo, in der Fortaleza). Die Südspitze des Felsenplateaus, **Ponta de Sagres,** das sagenumwobene antike Promontorium Sacrum, ist durch ein mittelalterliches renoviertes Fort (Fortaleza) abgeriegelt. Innerhalb des damit abgeschlossenen Bereichs befand sich in der ersten Hälfte des 15. Jahrhunderts die berühmte Seefahrerschule des Prinzen Heinrich des Seefahrers, der 40 Jahre lang hier wohnte und zusammen mit ausgesuchten Sachverständigen (darunter auch dem berühmten Nürnberger Kartographen Martin Behaim) die wissenschaftlichen und technischen Grundlagen der späteren portugiesischen Entdeckungsfahrten ausarbeitete. Vorhanden ist noch eine (erneuerte) Kapelle, ein Wohnhaus und eine große steinerne Windrose (erneuert). Eine Gedenkstätte und eine halbstündige mehrsprachige Tonfilmschau (deutsch um 17.15 Uhr) machen mit der Person Heinrichs und seinem Werk bekannt. Eine Einbahnstraße führt rund um das Cap, wobei auch die Felsenrisse (Furnas) passiert werden, die bis zum Meer hinabreichen.

Zur Straßenkreuzung (Drehscheibe) zurückgekehrt, führt unsere Straße noch 6 km westwärts entlang der Bucht von Beliche zum **Cabo de São Vicente,** Europas südwestlichste Ecke, besetzt mit altem Fort, nun Leuchtturmanlage. An der Zufahrtstraße liegt auch das Fort Beliche, nun zu einem Restaurant umgebaut, sowie, bei km 39,4, der kleine Sandstrand Praia de Boliche (Parkplätze an der Straße).

SAGRES. Das CABO DE SAO VICENTE ist der südwestlichste Punkt Portugals (und Europas).

Variation: Zwischen den genannten Küstendörfern Praia da Luz und Burgau gibt es eine schöne verkehrsarme Straßenverbindung, wodurch sich vorstehend beschriebene Reiseroute mit Vorteil variieren läßt.

3.

Die Serra de Monchique

ist der Hauptgebirgszug, der zusammen mit der niedrigeren Serra do Caldeirão in Südportugal die Klimascheide zwischen dem heißen und trockenen Alentejo und dem subtropischen Algarve bildet. Die Serra de Monchique bildet einen langgestreckten Höhenrücken, der in West-Ost-Richtung verläuft und etwa in der Mitte tief eingesattelt ist. Die westliche Hälfte wird im Foia 902 m hoch, die östliche 774 m (Picota). In dem genannten Sattel liegt in 455 m Höhe das Städtchen Monchique *, am westlichen Gebirgsrand das Dorf Marmelete, am östlichen das Dorf Alferce.

Die Serra ist aus vulkanischem Gestein, dem granitähnlichen Foiait, aufgebaut, der wegen seiner Härte der Erosion in den vergangenen Jahrmillionen besser widerstanden hat, als das schieferige Urgestein der Umgebung der Serra. Ihr Klima wird bestimmt von dem Einfluß des nahen Ozeans, von der Höhenlage und von der Sonneneinstrahlung, die sich besonders stark an den Südhängen auswirkt. Dementsprechend reichen die Florazonen von nordeuropäisch bis subtropisch. In geschützten Lagen und in Terrassenkultur gedeihen sogar ausgesprochene Tropenpflanzen wie Zuckerrohr, Baumwolle, Banane usw. Die Orange reift noch in Höhen von 500 m.

Entsprechend der vulkanischen Natur des Gebirges gibt es auch Thermalquellen, die in den Caldas de Monchique für Badekuren genutzt werden.

Die von Portimão in Richtung Lissabon führende Straße überquert die Serra in dem erwähnten Sattel (vgl. Streckenbeschreibung Nr. 3), von dem Städtchen Monchique aus führt eine neue Autostraße (Aussichtsstraße) auf den Foia.

Die Serra de Monchique kann als eine der schönsten Landschaften Portugals bezeichnet werden.

Am Südrand der Serra de Monchique liegt das Thermalbad CALDAS DE MONCHIQUE, das „Heilung ohne Rummel" verspricht.

4.
Eine Fahrt durch die Serra de Monchique

Portimão – Odemira (83 km):

Diese neu ausgebaute Streckenführung ist eine der schönsten in Südportugal. Sie kann als „Geheimtip" gelten, da sie auf vielen Landkarten noch gar nicht verzeichnet ist. Wegen der unzähligen unübersichtlichen Kurven sollte mit einem sehr niedrigen Stundenmittel geplant werden.

Von Portimão führt die N 124 (später N 266) nordwärts durch Mandel- und Feigenland. Bei der Quinta da Boina überschreitet sie das Flüßchen Boina und folgt dessen Ostufer talaufwärts. Am Straßenrand Eukalyptusbäume.

Nach etwa 18 km zweigt eine Nebenstraße ab, die (1 km) zu dem im Talgrund liegenden Thermalbad **Caldas de Monchique** (➔ Monchique *) führt.

Bei der großen Straßenkurve schöner Ausblick auf die Caldas und das Vorland bis zum Ozean.

Oberhalb der Kurve Abzweig der Nebenstraße N 267, die nach den Monchiquedörfern Casais (5 km) und **Marmelete** führt (15 km, schöne Lage).

Dann das Städtchen **Monchique ***, das inmitten von Blumen und Fruchtbäumen im Hauptsattel der Serra de Monchique und an deren Abhängen liegt (➔ auch Abschnitt B. 3). Von hier aus sollte möglichst der Foia, mit 902 m der höchste Punkt der Serra, aufgesucht werden, was auf einer 8 km langen Panoramastraße möglich ist.

In Fortsetzung der Streckenführung in nördlicher Hauptrichtung erreicht man nach 3 km den tief eingeschnittenen **Barranco dos Pisões,** der in nordwestlicher Richtung abwärts führt (➔ Monchique *). Nun beginnt eine der schönsten Straßenführungen Südportugals. Die Straße ist in steile Abhänge eingeschnitten und passiert bei der Portela do Vento den **Desfiladeiro dos Mathões.** Das ständig wechselnde Panorama ist überwältigend.

Die nun kahler werdenden zahllosen runden Bergkuppen machen den Eindruck eines in seinen Wellen erstarrten Meeres. Die neuausgebaute Straße ist noch ziemlich eng und bis Nave Redonda mit unzähligen schmalen Kurven besetzt. Sie führt stetig abwärts bis zur Talebene des Rio Mira, wo auch

---

ALBUFEIRA. Das saubere Fischerstädtchen ist ein Anziehungspunkt des Fremdenverkehrs. Man sagt ihm eine gewisse „provinzielle Mondänität" nach.

die Bahnlinie erreicht wird und wo die Bauerndörfer Sabóia (westlich oberhalb der Straße) und Santa Clara a Velha liegen, sowie unweit östlich der neuerbaute **Stausee Santa Clara.**

Die Straße folgt noch eine Weile der Bahnlinie, und biegt dann hart nach Westen ab, wo kurz nach dem Dorf Telheira das Städtchen **Odemira** am Rio Mira erreicht wird (➤ Ausflugsstrecke C. 3).

5.
Städte im Algarve

ALBUFEIRA

(Provinz Algarve) ist ein interessantes Städtchen mit 9000 Einwohnern, Fischerhafen und renommierter Fremdenverkehrsort, gelegen im Hintergrund einer Meeresbucht bzw. oberhalb des von Felswänden umrahmten Badestrandes. Diesen erreicht man durch einen in die Felsen gesprengten Tunnel. Schöne Aussicht vom „Miradouro de Bem Parece". Die gotische Kirche Misericórdia hat ein manuelisches Portal.

Das staffelförmig über der Bucht erbaute Städtchen gibt sich, besonders in der Hauptsaison, sehr mondän und sehr international.

Auskunft und Unterkunftsnachweis (750 Betten): Comissão de Turismo, am Tunnel.

Verkehr: Bahnstation 5 km nördlich (Busverbindung dorthin).

Veranstaltungen, Unterhaltung und Sport: Jahrmärkte am 14./15. August, 3. September und 31. Dezember. Wassersport aller Art einschließlich Tauchsport, Fischfang, Bootsausflüge entlang der pittoresken Steilküste mit Höhlen und einem 100 m langen Tunnel, der bei günstigem Wasserstand bzw. ruhiger See mit dem Boot durchfahren werden kann. Diskothek, Bars, Nachtbars (Boites) usw.

ALCANTARILHA

(Provinz Algarve) liegt an der N 125, etwa 3 km nördlich der Küste und eingebettet in seine Orangen- und Olivengärten. Arabische Gründung und Benennung, welche „Die kleine Brücke" bedeutet. In der Pfarrkirche manuelischer Hauptaltar und Schädelkapelle. Nahebei der Ortsteil Pêra.

Sandstrand und Bungalow-Hotel bei ALVOR.

3 km südlich liegt **Armação de Pêra,** eine Fischersiedlung mit Verteidigungsfort von 1760 und 3 km langem Sandstrand. Nach W schließt sich die neue Sommerhaussiedlung mit etlichen Hotels und Spiel-Casino usw. an. Hier auch die Badestrände Cova Redonde. Senhora da Roche (romanische Kapelle), Albandeira, Marinha, Benagil usw., sowie die „Furnas" (vom Meer ausgewaschene Höhlen). Ostwärts die Praia da Galé.

Auskunft und Unterkunftsnachweis (250 Betten): Junta de Turismo. an der Strandpromenade.

Verkehr: Bahnstation 4 km nördlich.

Veranstaltungen, Unterhaltung und Sport: Festa Na. Sa. dos Aflitos am 3. Sonntag im September, Rainha Santa am 4. Juli, Na. Sa. da Rocha am ersten Sonntag im August, Bootsausflüge entlang der Küste, Unterwassersport, Fischfang, Casino.

Umgebung:

5 km nordwestlich liegt das kleine Dorf **Algoz** (Bahnstation) in einer Talniederung. Schöne Aussicht vom Kapellen-Hügel Na. Sa. do Pilar. Unweit des Dorfes in Richtung Messines der Penedo Grande, ein 3 m hoher Menhir aus vorgeschichtlicher Zeit.

ALVOR

(Provinz Algarve) liegt an der gegen das Meer von einer Sanddüne abgegrenzten Mündungsbucht des Rio Alvor. Das kleine Dorf hat eine große Vergangenheit: bei den Römern hieß es Portus Hannibalis und bei den Mauren Albur. Manuelische Kirche Matriz mit schönem **Portal** und interessanten Säulenkapitellen.

Seewärts die Badezentren **Prainha, Praia do Alvor** und **Praia dos Três Irmãos,** die ostwärts nun auch Verbindung mit der Praia da Rocha haben. Spielcasino.

Auskunft und Unterkunftsnachweis (1500 Betten): Comissão de Turismo, für Appartements und Bungalows: Club TORRALTA, Praia de Alvor.

Veranstaltungen: Jahrmarkt am 3. Freitag im März.

CASTRO MARIM

(Algarve, 5500 Einwohner) ist ein sehr altes Städtchen (seit 1277) mit geschichtlicher Vergangenheit. Es liegt 3 km nördlich von Vila Real de Santo António und unweit des Grenzflusses Rio Guadiana und ist Hauptort eines Concelho.

Die Siedlung existierte schon zur Römerzeit. 1320 wurde hier der Orden der Christusritter gegründet, der auf dem Schloß (→ unten) seinen Hauptsitz hatte. Dieser wurde dann schon wenig später nach

FARO

Erläuterungen: 1 Turismo und Arco da Vila (Zugang zur Altstadt), 2 Kathedrale, 3 Arco do Repouso, 4 Museu Arqueológico, 5 Kirche São Francisco, 6 Landeplatz der Fähre z. Inselstrand, 7 Junta da Provincia und Ethnographisches Museum, 8 Polizei, 9 Stadtgarten, 10 Aussichtsturm u. Museu Santo António, 11 Gymnasium, 12 Bahnhof, 13 Postamt, 14 Kirche do Carmo.

Ria de Faro

Praia Ilha de Faro

(→) Tomar * verlegt. Der noch im **17.** Jahrhundert gebräuchliche Name „Castro marini" erinnert daran, daß im Mittelalter das Meer bis nahe an die Stadt heranreichte.

Nördlich über dem Dorf erhebt sich das **Schloß Castro Marim** (13. Jahrhundert), das durch das Erdbeben von 1755 in Mitleidenschaft gezogen worden ist. Der innere Kern des Schlosses (Castelo Velho) stammt aus dem 12. Jahrhundert. Rundweg auf der Außenmauer. Auf einem benachbarten Hügel die Capela Na. Sa. dos Martires (18. Jahrhundert).

Südlich oberhalb des Dorfes liegt die Ruine des **Fort São Sebastião** (17./18. Jahrhundert).

Auskunft: Câmara Municipal (dort auch der Schlüssel zum Schloß). **Verkehr:** 3 km zum Bahnhof Vila Real de Santo António, Busverbindung dorthin und nach Beja, Faro usw. **Jahrmarkt** am 14. und 15. August.

FARO

(30 000 Einwohner) ist die Hauptstadt der entlang der Südküste Portugals gelegenen Provinz Algarve und Bischofsitz. Sie liegt am Rande einer der Serra do Caldeirão vorgelagerten Ebene. Ein kleiner Fischerhafen beliefert die ansässige Konservenindustrie. Außerdem gibt es Korkverarbeitung und Salinen sowie bedeutenden Handel mit Feigen und Mandeln.

Ein **kilometerlanger Badestrand** erstreckt sich auf einer vom Festland abgesetzten Sanddüne (Ilha de Faro) südwestlich vor der Stadt, wo sich auch der Campingplatz befindet. Von dort schöner Blick über die Lagune hinweg auf die Stadt. Auf einer weiteren Sandinsel der 28 m hohe Leuchtturm, der den südlichsten Punkt Portugals kennzeichnet.

Unweit landeinwärts der Flugplatz.

Geschichte: „Harum" wurde 1249 als letzte arabische Bastion von König Afonso III. eingenommen. Im 15. Jahrhundert entstanden hier die ersten portugiesischen Druckereierzeugnisse (Inkunabeln). Während der Kämpfe um die englische Vormachtstellung (Vernichtung der Armada) wurde das damals spanische Faro 1596 von den Engländern unter dem Herzog von Essex geplündert und zerstört, gleichzeitig mit dem benachbarten Cadiz. Durch das Erdbeben von 1755 wurde Faro erneut verwüstet.

Der Touristenbetrieb konzentriert sich hauptsächlich um den Hafen (Doca) mit der Praça Francisco Gomes (15 m hoher

Obelisk), dem Jardim Manuel Bivar und der palmenbestandenen Avenida da República, die zum Bahnhof führt.

Südlich dieses Bezirks liegt das ruhige, von Mauern umschlossene Oval der **Altstadt**. Man betritt sie durch den **Arco da Vila**, das schönste Tor der Stadt, bekrönt mit dem Marmorstandbild des heiligen Thomas von Aquino. In der Altstadt die **Kathedrale (Sé)**, ein Renaissancebau mit drei Schiffen, der noch einige gotische Bauteile der durch das Erdbeben zerstörten früheren Kathedrale aufweist. Sehenswert ist die Reliquienkapelle (rechts des Chors). Auf dem einsamen Kathedralplatz bringen Ausgrabungen Teile eines römischen Forums ans Tageslicht.

Hinter der Sé liegt an der Praça Afonso III. das alte Kloster **Na. Sa. da Assunção** mit zweistockigem Kreuzgang im Renaissancestil. In dem 1971 instandgesetzten Gebäude ist das sehr sehenswerte **Archäologische Museum** untergebracht. Unweit davon die gleichfalls sehenswerte **Igreja de São Francisco**, teilweise mit Azulejosverkleidung (1762).

Am Largo do Carmo (wo sich auch das Postamt befindet) steht die doppeltürmige **Barockkirche do Carmo.** Dahinter im ehemaligen Friedhof die **Capela dos Ossos**, deren Wände mit Menschengebein besetzt sind.

Über die Hauptgeschäftsstraße Rua de Santo António (Fahrverbot) und die breite Avenida 5 de Outubro erreicht man die Praça do Infante mit dem Lyzeum und der dahinter sich erhebenden **Capela Santo António de Alto** von 1754 (57 m) mit Heiligenmuseum. Von dem Glockenturm hat man eine schöne Rundsicht.

Auskunft, Stadtplan und Unterkunftsnachweis (1000 Betten): Comissão Municipal de Turismo, neben dem Arco da Vila sowie am Flughafen.

Verkehr: Bahnstation der Hauptlinie, internationaler Flugplatz, Busverkehr mit dem Badestrand (Ilha de Faro) und dem Flugplatz (Pendelverkehr), mit São Brás de Alportel, Alcácer do Sal, Olhão, Tavira, Vila Real de Sto. António, Quarteira, Portimão usw.

Veranstaltungen, Unterhaltung und Sport: Karwoche, Festa de Na. Sa. do Carmo vom 16. bis 17. Juli, von Sta. Iria vom 20. bis 27. Oktober, **Diskothek.**

Museen: Museu Marítimo, Museu Arqueológico und Museu Lapidar Infante D. Henrique, Museu Antonino und Museu Etnográfico Regional, Kunstsammlung.

Nützliche Adressen: Deutsches Konsulat, Travessa da Conceição 4 (nur vormittags), Fluggesellschaft T.A.P., Rua Francisco Gomes 8.

Umgebung:

1. Besteigung des **Monte São Miguel** (410 m) ↗ Olhão *.

2. 10 km nördlich liegt **Estói**, schöngelegener Marktflecken mit herzoglichem Schloß (18. Jahrhundert) und italienischem Garten mit römischen Mosaiken (Privatbesitz). Ganz in der Nähe befinden sich die **römischen Ruinen von Milreu** (bei den Römern Ossonoba genannt), darunter Mauern eines Tempels, Badebecken, Marmorsäulen usw. Die Hauptfunde befinden sich im archäologischen Museum in Faro.

3. 10 km nordwestlich (6 km westlich von Estói) liegt die hübsche gotische Kapelle **Santa Barbara de Nexe** am Abhang eines Hügels.

LAGOA

(Provinz Algarve) ist ein Landstädtchen mit 6000 Einwohnern und Hauptort eines Concelho, gelegen an der N 125, ca. 5 km von der Meeresküste entfernt. In der im 18. Jahrhundert errichteten Pfarrkirche ist ein Portal der bei dem Erdbeben zerstörten Vorgängerin eingebaut. Bedeutender Weinbau.

Touristische Bedeutung hat der 5 km südlich gelegene Ortsteil **Praia do Carvoeiro,** eine romantische Fischersiedlung mit kleinem Strand und guter Unterkunft in Hotel und mietbaren Bungalows. In der Nähe hübsche Grotten, von der Wasserseite her zu erreichen. Ein Weg führt ostwärts aufwärts über das Ausflugsziel **Algar Seco** (phantastische Klippenbildung mit kleinen Seebecken) zum Cabo Carvoeiro.

Auskunft und Unterkunftsnachweis (250 **Betten**): Comissão de Turismo.

Festlichkeiten: Festa Na. Sa. da Luz am 8. September, Jahrmärkte am 24. Januar und am 6. November.

Verkehr: Bahnstationen in Silves und Portimão (je 5 km), Busverkehr dorthin.

LAGOS (Algarve). Die phantastische Felsszenerie von Ponta da Piedade. Im Hintergrund die Bucht von Lagos.

LAGOS (Algarve)

ist eine alte Hafenstadt mit 7100 Einwohnern. Sie liegt in der 13 km weiten gleichnamigen Bucht der Südküste, nach Westen durch das weit vorspringende Kap Ponta da Piedade geschützt. Lagos ist Hauptort eines Concelhos von 18 000 Einwohnern. Fischkonservenindustrie und etwas Schiffbau hängen mit dem seit alters hier betriebenen Fischfang zusammen. Das Kleingewerbe stellt Flechtarbeiten aus Palmfasern und Kupfergeräte her. Die Bedeutung als Hafenplatz hat nachgelassen, dagegen nimmt der Fremdenverkehr ständig zu.

Angenehmes Winterklima mit einer mittleren Temperatur von 11,7° im Januar und 10,5° im Februar.

Bei den Römern hieß die Stadt „Lacobriga". Im 15. und 16. Jahrhundert war der von einem Fort geschützte Hafen der Ausgangspunkt zahlreicher Entdeckungsfahrten, u. a. 1434 des Gil Eanes, der das Cap Bojador erreichte. Heinrich der Seefahrer ließ hier seine Expeditionsschiffe bauen. 1578 verließ der 24jährige König Sebastião mit einem beträchtlichen Ritterheer diesen Hafen, um nie mehr zurückzukehren, da er wenig später in der „Dreikönigsschlacht" von Ksar el Kbir (Marokko) mit seinem Heer den Untergang fand. 1693 (Pfälzischer Erbfolgekrieg) fand in der Bucht von Lagos eine Seeschlacht zwischen einer französischen und einer vereinigten englisch-holländischen Flotte statt, wobei fast 100 Schiffseinheiten auf den Grund der Bucht geschickt wurden.

Die Stadt ist anlagemäßig in Richtung zum Hafen orientiert. Hier liegt an der Hafenstraße Avenida dos Descobrimentos der Mercado und die in die Innenstadt leitende Praça de Gil Eanes mit der Camara Municipal (18. Jahrhundert). Wenig südlich, gleichfalls an der Hafenstraße, die **Praça do Infante** mit dem Denkmal des Seefahrers, dem ehemaligen **Gouverneurspalast**, dem arkadenbesetzten ehemaligen Zollamt (ehemaliger Sklavenmarkt, der einzige in Portugal) und der Kirche Santa Maria (Misericórdia) aus dem 18. Jahrhundert. An den Gouverneurspalast mit der Porta do Mar schließen sich die ehemaligen (restaurierten) Stadtmauern an, die noch zu ⅔ die Altstadt umgeben und oft die Kulisse für folkloristische Darbietungen bilden. Sehr sehenswert ist die oberhalb des Platzes gelegene kleine **Igreja Santo Antonio** aus dem 17. Jahrhundert (im 18. Jahrhundert nach dem Erdbeben restauriert) mit besonders reichem vergoldetem Schnitzwerk. Das Standbild des Heiligen (er war Soldat) trägt die Offiziersschärpe. Angeschlossen ist ein Museum.

Beim Hafen ein spätmittelalterliches Fort, daneben der Fischgroßmarkt.

Auskunft, Stadtplan und Hotelliste (ca. 700 Betten): Comissão de Turismo, Rua Dr. Oliveira Salazar.

Verkehr: Station einer Nebenbahn, die in Tunes (46 km) die Hauptbahn nach Lissabon bzw. Vila Real de Sto. António erreicht. Busverbindung mit Odemira, Alcácer do Sal, Vila do Bispo, Sagres und Portimão. Flugplatz für Privatflugzeuge.

Veranstaltungen, Unterhaltung und Sport: Fest zu Ehren von Na. Sa. da Gloria am 16./17. August. Jahrmärkte vom 11. bis 13. Oktober und vom 20. bis 22. November. Museum, Hafenbummel, Wassersport jeder Art, Motorbootausflüge, Tennis, Diskotheken, „Boites" (Nachtlokale), Englischer Club, Fado-Restaurants, Campingplatz. Mandelblüte in der Umgebung etwa vom 20. Januar bis 20. Februar.

Strandplätze: Die längsten Sandstrände liegen im Hintergrund der Bucht von Lagos: Die Meia Praia mit dem gleichnamigen Hotel und die Praia de Alvor, letztere jenseits der Mündung der Ribeira de Arão und bereits auf dem Territorium des Concelho Portimão. Entlang der Steilküste der Halbinsel Ponta da Piedade gibt es folgende kleinere Sandstrände (beginnend beim Hafenfort): Praia Formosa, Pr. dos Homens, Pr. dos Estudantes, Pr. da Caldeira, Pr. do Pinheiro, Pr. do Pinhão, Pr. da Dona Ana (Parkplatz, Hotel, Pensionen) und Pr. do Camilo. An der dem Seegang stärker ausgesetzten Südwestseite der Halbinsel sind es die Sandstrände Praia Carneiro, Pr. do Barranco Martinho, Pr. do Canavial, Pr. do Porto de Moz, Pr. da Luz und Pr. do Burgau.

Alle Plätze sind auf beschilderten Nebenstraßen gut zu erreichen (teilweise Busverkehr).

Umgebung:

1. 3 km südlich der Stadt liegt an der Spitze einer hochbordigen Landzunge die **Ponta da Piedade,** die diesen Namen von einer ehemals dort befindlichen Kapelle (Grundmauern sind noch zu erkennen) übernommen hat. Heute steht dort ein Leuchtturm und ein Bildstock als Nachfolger der genannten Kapelle (Busverkehr). Prachtvoller Ausblick auf die beiderseitigen Küstenstreifen, besonders auf die dicht dabeistehenden bizarr geformten und teilweise durchlöcherten hohen Felsentürme. Die Steilküste ist beiderseits immer wieder durch Sandstrände unterbrochen, die hier ein besonders klares Wasser aufweisen. Fast alle sind gut zu erreichen und auch mit dem Wagen gut anzufahren (siehe vorgehender Abschnitt „Strandplätze").

2. 6 km westwärts (3 km in Richtung Sagres, dann südwärts auf Nebenstraße) liegt das Dorf **Praia da Luz** mit Castelo, das zu einem Wohnhaus umgebaut ist. Zwischen den Klippen schöner Sandstrand mit Motel und mietbaren Bunga-

lows (Der englische Luz-Bay-Club in Praia da Luz, der diese Bungalows vermietet, stellt auch seine umfangreichen Clubanlagen zur Benützung zur Verfügung). Von der höchsten der Klippen (Serro das Ferrarias, 110 m) hat man eine schöne Rundsicht.

Ein Gehweg nach Luz führt über Porto de Moz auf der Höhe der Steilküste entlang.

3. 5 km nördlich liegt an der N 125 das zum Concelho Lagos gehörende Dorf **Odiáxere** mit 2400 Einwohnern, dessen Pfarrkirche ein interessantes Portal aufweist. 7 km nordwestlich davon der **Stausee Odiáxere,** in einer sehr schönen, einsamen Landschaft.

MONCHIQUE

(Provinz Algarve) ist ein Bergstädtchen mit 10 000 Einwohnern, gelegen in einem Einschnitt der Serra de Monchique in 445 m Höhe inmitten einer üppigen Vegetation (vgl. Abschnitt B. 2.).

Bauliche Sehenswürdigkeiten sind die Pfarrkirche (manuelische Portale), und auf der Höhe die malerische Klosterruine **Mosteiro de Na. Sa. do Desterro** (1632) mit Aussichtsterrasse und schöner Magnolie.

Südlich unterhalb des Städtchens liegt in dem tiefeingeschnittenen Tal des Flüßchens Boina das Thermalbad **Caldas de Monchique,** das von einem großen Waldpark umgeben ist. Die Thermalquellen waren schon den Römern bekannt, aber besonders seit dem 15. Jahrhundert wurden sie regelmäßig aufgesucht.

Auskunft: Câmara Municipal.

Verkehr: Busverbindung mit den Bahnstationen Portimão (24 km) und Sabóia (29 km).

Badebetrieb: Die Einrichtungen sind im Ausbau begriffen. Das mit 32,5° ausströmende Heilwasser enthält Chlor, Schwefel und Natriumbikarbonat. Es wird bei Rheuma und Krankheiten der Haut und der Atemwege angewandt.

Jahrmarkt vom 26. bis 28. Oktober.

Umgebung:

1. 8 km auf neuer aussichtsreicher Fahrstraße westwärts auf die Höhe des **Foia,** mit 902 m der höchste Punkt der Serra de Monchique, mit prächtiger Aussicht auf einen großen Teil Südportugals.

2. Auf Fußweg (1½ Stunden) ostwärts auf den **Picota** (774 m), höchster Punkt der östlichen Hälfte der Serra, mit ähnlicher Aussicht wie vom Foia.

3. 4 km nordwärts zum **Barranco dos Pisões,** einer 4 km langen wilden Schlucht, auf deren Grund der Rio Tinta Negra fließt. Man folgt auf 3 km der Landstraße Richtung Sabóia, und biegt dann links ab.

OLHÃO

(Provinz Algarve, 20 000 Einwohner) liegt wenig östlich von Faro, durch eine Sandbank vom offenen Meer getrennt. Bedeutender Fischerhafen mit entsprechender Konservenindustrie.

Sehenswert ist die **Altstadt,** die mit ihren schmalen Straßen und würfelförmigen Häusern mit Dachterrassen (açoteias) einen sehr „afrikanischen" Anblick bietet. Sie stammt jedoch nicht aus der Maurenzeit, sondern wurde erst im 17. und 18. Jahrhundert von zugereisten Fischern in dieser von ihnen als zweckmäßig betrachteten „luftigen" Bauweise errichtet. Den schönsten Anblick bietet die Stadt aus der Vogelschau, und zwar entweder von der Straßenbrücke aus, oder vom Glockenturm der Pfarrkirche (Aufgang gleich rechts neben dem Eingang). Schöner Renaissance-Kreuzgang der Igreja Matriz.

Der **Badestrand** befindet sich auf der der Stadt vorgelagerten Düneninsel Armona; dort auch der Campingplatz (Überfahrt im Boot).

Auskunft und Unterkunftsnachweis (90 Betten): Câmara Municipal.
Verkehr: Bahnstation. Busverbindung mit allen Städten des Algarve.
Veranstaltungen: Jahrmärkte am 30. April und am 28./29. September.

Umgebung:

1. Über **Moncarapacho** (8 km nordöstlich, Kirche und Kreuzgang im Renaissancestil) zur Besteigung des Monte São Miguel (410 m, östlichster Eckpunkt der Serra de Monte Figo). Panorama.

2. 10 km nordwestlich nach **Estói** und zu den römischen Ruinen von **Milreu,** → Faro *.

PORTIMÃO

(Provinz Algarve) ist ein Hafenstädtchen und Fischereizentrum mit 28 000 Einwohnern, gelegen an der breit geöffneten Mündung des Rio Ave. Schiffbau und bedeutende Fischkonservenindustrie. Der Fremdenverkehr hat sich vor allem auf den 3 km meerwärts gelegenen Ortsteil **Praia da Rocha** verlagert, der auf hoher Steilküste erbaut ist. Die ausgedehnten Badestrände von Praia da Rocha sind mit phantastisch geformten Felsentürmen und Felsentoren durchsetzt und mit zahlreichen modernen Hotels ausgestattet. Die mittlere Wintertemperatur von 13,3° gestattet eine ganzjährige Saison. Schöner Ausblick auf die Stadt von der Aradebrücke aus, sowie von dem Aussichtspunkt im Westen der Praia da Rocha.

Das spätmittelalterliche Fort de Santa Catarina bewacht die Flußmündung. Auf dem jenseitigen Flußufer erhebt sich das **Castelo Ferragudo** (Ruine) aus dem 15. Jahrhundert, ihm zu Füßen die Badestrände Praia Angrinha und Praia Grande.

Auskunft und Hotelnachweis (1500 Betten): Comissão de Turismo. Largo 1. Dezembro und im Casino der Praia da Rocha.

Verkehr: Station einer Nebenbahn, die in Tunes Anschluß an die Hauptstrecke nach Lissabon bzw. Vila Real de Sto. Antonio hat. Busverbindungen mit Lagos, Setúbal. Loulé, Faro, Monchique, Silves usw. Pendelverkehr mit Bus oder „carrinhas" (zweirädrige Maultierdroschken herkömmlicher Bauart) zur Praia da Rocha.

Veranstaltungen, Unterhaltung und Sport: Jahrmärkte vom 1. bis 3. August und 11. bis 18. November, Karneval, alle Arten des Wassersports, Nachtklubs, Tennis, Bibliothek, Fischversteigerung am Hafenkai, Bootsrundfahrten.

PRAIA DA QUARTEIRA

(Provinz Algarve) ist ein von Kiefernwäldchen umgebenes kleines Fischerdorf, das sich in Anbetracht seines kilometerlangen Sandstrandes zu einem vielbesuchten Seebad entwikkelt und bereits mehrere Hotels und Pensionen aufweist.

Auskunft und Unterkunftsnachweis (400 Betten): Comissão de Turismo.

Verkehr: Bahnstation 4 km nördlich, 24 km zum Flughafen Faro.

Unterhaltung und Sport: Jahrmarkt vom 23. bis 25. September, Fest Mariä Empfängnis am 1. Sonntag im September, Campingplatz, Diskothek, Wassersport aller Art, auch Tauchsport (→ auch bei „Vilamoura", nächster Abschnitt).

PORTIMAO. Die wildromantische PRAIA DA ROCHA mit ihrem geräumigen Sandstrand.

Umgebung:

1. Wenig westlich von Quarteira unweit des Strandes das neue komfortable Ferienzentrum **Vilamoura** mit allen modernen Attraktionen wie Swimming-Pools, Golf mit 18 Löchern, Tennis, Reitsport, Bootshafen, Spielkasino usw., Vier- und Fünfsternehotels, Bungalows und Appartements. Landepiste für Privatflugzeuge.

2. Ostwärts liegt die Fonte Santa (Mineralquelle) und der Strandplatz **Vale do Lobo** mit Hotel der Luxusklasse, Bungalows usw. in Pinienwaldgelände. 18-Löcher-Golfplatz.

3. Westwärts in Richtung Albufeira liegt das neue Ferienzentrum **Falésia.**

SILVES

(Provinz Algarve) ist ein Landstädtchen mit 10 000 Einwohnern, gelegen am Südrande der Serra Monchique und am Ufer des Rio Arade, umgeben von Orangengärten.

Die uralte Stadt hieß bei den Arabern Xelb (Xilb) und war damals die Hauptstadt und „Perle" des Algarve. Nach wechselvollen Kämpfen wurde sie 1242 von König Afonso III. erobert, bei dem Erdbeben 1755 wurde sie weitgehend zerstört.

Das Stadtbild wird beherrscht von dem aus rotem Sandstein erbauten zinnenbewehrten **Maurenschloß,** von dessen Höhe (Panoramaweg!) man eine schöne Aussicht hat. Interessant sind auch die umfangreichen unterirdischen Anlagen (Zisternen, Vorratsräume).

Seitlich unterhalb des Kastells liegt die **Sé (Kathedrale),** ein sehr interessantes frühgotisches Bauwerk (13. Jahrhundert) mit teilweise archaisch anmutenden Baugliedern. Chor und Querschiff stammen aus spätgotischer Zeit; zahlreiche Grabmäler, die auf Kreuzzugsteilnehmer zurückgeführt werden, die an der Eroberung der Stadt 1242 beteiligt waren.

Am östlichen Stadtausgang steht das 3 m hohe Wegekreuz **Cruz de Portugal** (16. Jahrhundert) aus weißem Kalkstein, das beidseitig skulptiert ist.

Auskunft: Câmara Municipal.

Verkehr: Bahnstation 2 km südlich, Busverkehr mit den Nachbarstädten.

Veranstaltungen: Jahrmarkt vom 31. Oktober bis 2. November.

Umgebung:

1. 6 km flußaufwärts liegt der **Stausee do Arade** (1956).

2. Die Ausflugsziele Quinta de Mata-Mouros und de Falacho am Flußufer.

TAVIRA

(13 000 Einwohner) liegt im östlichen Drittel (Sotavento) der Südküste der Algarve, unweit der Mündung des Rio Séqua (Asseca). Bereits die Griechen und die Römer hatten hier einen Hafen, der aber nach der Heimsuchung der Stadt durch das große Erdbeben versandete. Von Bedeutung ist nach wie vor der Thunfischfang; in Tavira ist der Sitz der Thunfischbörse.

Der Thunfischfang wird nach uralter Methode betrieben. Wenn im Mai und Juni die Thunfische in einem großen Schwarm der Algarveküste entlang zum Laichen ins Mittelmeer ziehen und im Juli und August auf dem gleichen Wege wieder dem offenen Atlantik zustreben, dann werden sie in einem ausgeklügelten System von schweren Netzen (almadrava) aufgehalten und zu einem engen Knäuel zusammengetrieben, aus welchem die einzelnen Exemplare herausharpuniert und an Bord der Schiffe gezogen werden.

Das noch stark an die Maurenzeit erinnernde Stadtbild wird beherrscht von der **Ruine des Maurenkastells** (schöner Ausblick) und der ursprünglich gotischen **Kirche Santa Maria do Castelo** (gotisches Portal und Azulejos des 17. und 18. Jahrhunderts).

Stadtzentrum ist die Praça da República mit der Câmara Municipal, dem Touristenbüro und dem Stadtgarten. Gegenüber dem Touristenbüro führt ein Treppengäßchen durch den aus maurischer Zeit stammenden **Arco da Misericórdia** zur **Igreja da Misericórdia** mit Kreuzgang, erbaut 1541 im Renaissancestil.

Sehenswert ist auch die Kirche **São Francisco** im SW der Stadt, bei deren Bau (18. Jahrhundert) wesentliche Bestandteile ihrer gotischen Vorgängerin mitverwendet wurden. Der ehemalige Friedhof neben der Kirche ist zu einer Lapidariensammlung ausgestaltet.

Der Strand von Tavira befindet sich in **Santa Lucia,** 3 km südlich, sowie auf der dem Festland vorgelagerten, mit Pinien bestandenen Sandinsel Ilha de Tavira. Dazwischen liegt eine Schlickzone. Ein Fährschiff verkehrt zwischen Insel und Festland.

Auskunft, Stadtplan und Unterkunftsnachweis (200 Betten): Comissão de Turismo, Praça da República.
Verkehr: Bahnstation am Stadtrand, Busverbindung mit Faro, Vila Real de Santo António usw.
Jahrmärkte am 1. und 2. August und am 4. und 5. Oktober.

VILA REAL DE SANTO ANTONIO

(Provinz Algarve, 11 000 Einwohner) liegt am rechten Ufer der breiten Mündungsbucht des Rio Guadiana, der hier die Grenze gegenüber Spanien bildet. Die Mündungsbucht bildet einen guten natürlichen Hafen für die ansehnliche Fischerflotte, die die beträchtliche örtliche Fischkonservenindustrie beliefert.

Santo António de Avenilha, wie die Stadt früher hieß, wurde Ende des 16. Jahrhunderts eine Beute des Meeres. Als dieses wieder zurückgetreten war, wurde sie 1774 auf Anordnung des Königs José I. vom damaligen Ministerpräsidenten Marquis de Pombal und mit schachbrettartig strenger Straßenführung vollständig neu angelegt und erhielt damit auch einen neuen, ihren heutigen, Namen. Abwechslung in das verhältnismäßig gleichförmige Stadtbild bringt das Stadtzentrum mit der Praça do Marques de Pombal mit sternförmiger Pflasterung (Obelisk für König José I.), und die breite Flußuferpromenade. Die Hauptgeschäftsstraße ist dem Fußgänger reserviert. Am Südende der Stadt der Leuchtturm da Barra.

Auf dem gegenüberliegenden Flußufer erblickt man die malerische spanische Stadt **Ayamonte** (vgl. Goldstadt-Reiseführer SÜDSPANIEN, Bd. 4200). Ein Fährboot stellt die Verbindung her, eine Brücke ist geplant, dürfte aber in Anbetracht der zu bewältigenden gewaltigen Dimensionen noch auf sich warten lassen.

4 km westwärts, auf einer durch jungen Pinienwald führenden Straße zu erreichen, liegt **Praia de Monte Gordo**, eine Fischersiedlung, die sich in Anbetracht des kilometerlangen, breiten und sehr sauberen Sandstrandes zu einem der beliebtesten Strandbäder des Algarve entwickelt hat. Vorhanden sind beste Hotels, Pensionen, Bungalows und ein Casino. Wo der Name Monte Gordo herrührt, ist unerfindlich, da es hier nirgends einen „Großen Berg" gibt.

Auskunft und Unterkunftsnachweis (950 Betten einschl. Monte Gordo): Comissão de Turismo im Pavillon beim Flußbahnhof.

Verkehr: Endpunkt der Hauptlinien aus Lissabon. Bahnhaltepunkt in Monte Gordo. Busverbindung mit Monte Gordo, Tavira, Faro, Castro Marim, Mertola usw.

Veranstaltungen, Unterhaltung und Sport: Jahrmarkt vom 11. bis 13. Oktober, Casino, Spielplätze, Tennis, Diskothek, Stierkampf im Juli und August, Campingplatz, Wannenbäder.

Die romantischen Steilküsten beiderseits des Fischerhafens CAR-
VOEIRO sind mit zahllosen Felsschluchten und Höhlen besetzt, die
mit dem Boot befahren werden können.

Umgebung:

3 km nördlich der Stadt liegt das hübsche Dorf **Casto Marim** * mit seiner alten Festung des Christusritterordens.

6.

Badestrände zur Auswahl

Es hat sich nachgerade herumgesprochen, daß die langen Küsten des Algarve nahezu ideale Badevoraussetzungen aufweisen. Dies ergibt sich einerseits aus der tiefen Südlage (das Algarve liegt etwa auf dem Breitengrad von Tunis), andererseits durch die meist gegenwärtigen atlantischen Winde, die auch im Hochsommer keine Schwüle aufkommen lassen. Im übrigen sei bezüglich des Algarveklimas auf Abschn. A. 2 verwiesen.

Die Algarveküste ist, besonders in ihrem westlichen Teil, Hebungsland mit einer noch relativ jungen Gesteinsformation. Diese besteht aus verhältnismäßig lose zusammengebackenen Meeressedimenten (viele Muschelschalen!), die oft noch mit weichen Lehmschichten durchzogen sind, die die Widerstandsfähigkeit des Gesteins noch weiter beeinträchtigen. Durch Unterspülung und nachfolgende Abstürze konnten daher hier steile Küstenränder entstehen, deren zahllose Buchten mit feinem Sand ausgekleidet sind und so ideale Badestrände bilden.

Demgegenüber ist die östliche Hälfte der Südküste (etwa ab Albufeira) niedriger, weshalb das Meer hier kilometerlange Sandstrände anlanden konnte, die rückwärts oft mit Pinien bestanden sind.

Die Atlantikküsten sind bekanntlich erheblich fischreicher als beispielsweise die des Mittelmeeres. Die Fischerei bildet daher auch im Algarve einen Haupterwerbszweig, was allenthalben auch eine Belebung des touristischen Alltags bedeutet. Der felsige westliche Teil der Südküste (etwa ab Albufeira) und die Westküste eignen sich für den Unterwassersport.

Im einzelnen handelt es sich, die Aufzählung im Osten beginnend, um folgende Badezentren (→ auch die große Algarvekarte - Faltplan -).

Monte Gordo (→ Vila Real de Santo António *) ist ein Fischerdorf an einem kilometerlangen breiten Sandstrand, der infolge seiner endlosen Ausdehnung nie übervölkert sein kann. Die Liebhaber seltener Muschelschalen machen gerade hier oft reiche Beute. Hotels, Pensionen und ein Estalagem halten an die 1000 neue Gastbetten bereit. Außerdem gibt es ein Strandkasino, und dicht hinter dem Strand, rund um den Wasserturm, einen großen, schattigen Campingplatz.

Die westliche Fortsetzung des Strandes von Monte Gordo nennt sich **Praia Verde**, entsprechend dem Pinienwald, der sich auf den dahinterliegenden hohen Sanddünen aufbaut. Von der Hauptstraße aus führt eine Stichstraße dorthin.

Noch weiter westlich nennt sich der (ununterbrochene) Sandstrand **Praia Manta Rota**, entsprechend der dahinterliegenden kleinen Fischersiedlung dieses Namens. Auch hierher führen Stichstraßen. Nur evtl. Privatunterkunft.

Cacela, wieder eine Fischersiedlung. Hier endet der lange Sandstrand aus Richtung Monte Gordo.

Da der Meeresboden ab Cacela (bis nach Faro) sehr flach (niedrig) verläuft, haben sich vor diesem Küstenabschnitt im Meer Sandbänke gebildet, die als langgestreckte Sanddüneninseln nun einige Hundert Meter als Barrieren vor dem Festland liegen. Auf diesen Inseln gibt es angesichts des offenen Meeres einigen Badebetrieb (Überfahrten meist mit Booten). Soweit es nun zwischen diesen vorgelagerten Sandinseln und dem Festland an frischer Meeresbrandung fehlt, ist das Wasser dort oft abgestanden (weil unbewegt), und dann ein Badebetrieb an der Festlandsküste nur bedingt möglich. Dies gilt zum Teil für folgende 5 Lokalitäten:

Conceição mit dem Badestrand Cabanas;

Tavira * (200 Betten) mit dem Badestrand Santa Lucia - mit Fährschiff kann man die vorgelagerte Badeinsel Ilha Tavira erreichen;

Fuseta mit bedingt benützbarem Strand und vorgelagerter Sandinsel;

Olhão * mit 90 Gastbetten; der Badebetrieb findet in der Hauptsache auf der vorgelagerten Sandinsel Armona statt. Dort auch einfache Campinggelegenheit; Überfahrt mit Boot; und fünftens die

Provinzhauptstadt Faro * (1000 Betten) mit mannigfaltigen Unterhaltungsmöglichkeiten. Der Stadt vorgelagert ist eine Zone von Brackwasser. Der umfangreiche Badebetrieb findet auf der jenseits der Brackwasserzone liegenden langgestreckten Sanddüneninsel Ilha de Faro statt, die über einen Damm eine Straßenverbindung mit Busverkehr zum Festland hat, sowie fließendes Wasser. Hier befindet sich ein kilometerlanger Sandstrand mit Estalagem, Strandhäusern und einem Campingplatz; sowie ein Leuchtturm.

In der Nähe liegt der Flugplatz von Faro.

Am westlichen Rand von Faro endet die Brackwasserzone.

Praia de Quarteira * (400 Betten) mit schönem kilometerlangem Sandstrand am offenen Meer. Jetzt noch sehr ruhig und ohne großen Betrieb, hat es doch eine touristische Zukunft. Campingplatz usw.

Albufeira * (900 Gastbetten) ist demgegenüber eine betriebsame Stadt, die sich an der hier beginnenden Steilküste treppenartig aufbaut. Hier trifft sich die internationale Jugend und was sich dazu zählt, und bevölkert abends die Diskotheken, Nachtlokale, Bars usw. Den kleinen Stadtstrand erreicht man bei Flut praktisch nur durch einen Tunnel, daneben gibt es den Fischerbootsstrand, und beiderseits außerhalb der Stadt weitere durch Klippen unterteilte Badestrände.

Armação de Pera (➤ Alcantarilha *) ist eine Fischersiedlung, die sich mehr und mehr zum Badeort wandelt (250 Betten). Dieser ist zwar relativ ruhig, trägt aber durch sein Kasino doch eine gewisse mondäne Note. Der 3 km lange goldgelbe Sandstrand ist durch hohe Klippen unterteilt.

Carvoeiro ist der Fischerhafen der Stadt (➤) Lagoa *, mit nur kleinem Strandplatz im Hafenbereich. Begrenzte Unterkunft möglich. In der Nähe die Bungalowsiedlung **Quinta do Paraiso.**

Praia da Rocha ist die „Sonntagsstube" der landeinwärts gelegenen Hafenstadt (➤) Portimão * und hat sich mehr und mehr zu einem selbständigen und weithin bekannten Badeort mit über 1500 Gastbetten entwickelt. Er besteht ausschließlich aus Hotels, Villen und Unterhaltungsbetrieben, sowie einer schönen Promenade. Seine bizarre Küste, die aus einem langen und breiten Sandstrand, gelben Klippen und Felstürmen, und Meeresgrotten besteht, ist wohl die interessanteste und meistfotografierte des Algarve.

Alvor * liegt an der Mündungsbucht des Flusses dieses Namens. Badezentren sind die **Praia do Alvor** und die **Praia**

LAGOS. Steile Abstürze, Felsentürme und Felsentore kennzeichnen das Kap Ponta da Piedade. Der teilweise sehr flache Felsengrund ist bei den „Schnorchlern" sehr beliebt.

dos Três Irmãos (zusammen 1500 Betten), beide ostwärts des Dorfes. Langer schöner Strand, der mit etlichen Felstürmen (den „Três Irmãos" = 3 Schwestern) durchsetzt ist. Sehr gute Unterkunft (auch Appartements und Bungalows), die laufend erweitert wird.

Lagos * ist eine alte Hafenstadt in der weiten flachen Bucht gleichen Namens, die im W durch das Felsenkap Ponta da Piedade begrenzt ist, sich aber ostwärts über ca. 13 km hinzieht, dort **Meia Praia** genannt. Westwärts der Stadt beginnt wieder Steilküste, die mit zahlreichen kleinen Badebuchten durchsetzt ist (→ Lagos - „Strandplätze"). Vorhanden sind 700 Gastbetten und ein Campingplatz, der auch zum Überwintern geeignet ist. In der Stadt selbst gibt es gute Restaurants, Bars und Einkaufsmöglichkeiten für Kunstgewerbe.

Praia da Luz (→ Lagos *) ist ein zwischen hohen Klippen gelegenes Fischerdorf mit einer Bungalowsiedlung (mietbar) und Motel (ca. 150 Betten). Schöner Sandstrand.

Burgau ist gleichfalls ein Fischerdorf mit kleinem Sandstrand zwischen den Klippen, überwiegend für den einheimischen Bedarf.

Dasselbe gilt für **Praia Salema.** Auf einem nahegelegenen Berg ist neuerdings ein Estalagem erbaut.

Sagres (400 Gastbetten) liegt nahe der Südwestspitze des Algarve (und des Kontinents) hoch über dem Meer auf einem ebenen Felsenplateau, dessen Abstürze zum Meer mit etlichen Sandstränden besetzt sind, die meist von den darüber erbauten Hotels und Pensionen aus über Felsentreppen zu erreichen sind. Unterwassersport.

An der **Westküste** setzt sich die Steilküste in verstärktem Maße fort; sie wird hier über Hundert Meter hoch. Auch hier gibt es zahlreiche schöne unberührte Sandstrände, welchen oft turmhohe Dünen anliegen. Die See geht hier meist etwas höher als an der Südküste, weshalb man hier allenthalben auch die waghalsigen Wellenreiter beobachten kann. Auch hier blüht der Unterwassersport, dagegen gibt es in dieser einsamen Gegend keine Unterkunft für Touristen.

<h1 style="text-align:center">C.</h1>

AUSFLUGSZIELE BIS LISSABON

Wer seinen Aufenthalt in Portugal nur dazu benützt, träge am Strand zu liegen, ist selbst schuld, denn Portugal ist nicht zuletzt ein Land für neugierige Herumgondler und Fahrensleute. Die Entfernungen im Land sind kurz mit rasch wechselnder Szenerie, und es gibt kaum 50 km ohne einen lohnenden Anhaltepunkt.

Dieser Reiseführer wäre daher unvollständig, wenn er nicht auch die vom Algarve ausgehenden Streckenführungen darstellen würde. Diese werden u. a. von planmäßigen Überlandbussen befahren, und die örtlichen Reiseunternehmen im Algarve veranstalten auf diesen Strecken Ausflugsfahrten.

<h1 style="text-align:center">1.</h1>

Dem Rio Guadiana entlang nach Lissabon (330 km)

Diese Streckenbeschreibung ist für Erkundungsausflüge vom Standort Algarve aus (Rückweg mit Streckenführung Nr. 2 oder 3), vor allem aber für die Touristen gedacht, die über Südspanien in das Algarve einreisen und auf kürzestem Weg Lissabon erreichen wollen.

Vila Real de Santo António – Ferreira do Alentejo 170 km): Man verläßt **Vila Real de Santo António** * auf der N 122 in nördlicher Richtung und erreicht durch sumpfiges Reisland **Castro Marim** (5500 Einwohner, Hauptort eines Concelho), ein Städtchen, das schon zur Römerzeit existierte. Es liegt am Fuß von zwei alten Castelos; das wichtigste derselben ist das aus rotem Sandstein erbaute **Christusritterschloß** im N des Städtchens. Hier residierte seit 1320 der Christusritterorden, der jedoch schon 1356 seinen Sitz nach Tomar * verlegte.

Das Schloß (Castelo) stammt aus dem 13. Jahrhundert; Teile im Innern, genannt „Castelo Velho", wurden jedoch schon im 12. Jahrhundert errichtet. Das Schloß wurde beim Erdbeben 1755 zerstört. Schöne Aussicht vom Rundweg entlang der Ringmauern u. a. auf die jenseits des Guadiana liegende spanische Stadt Ayamonte –Schlüssel (chave) bei der Câmara Municipal–.

Unweit des Templerschlosses die Capela Na.Sa. dos Martires (18./19. Jahrhunderts). Im S des Städtchens erhebt sich die gleichfalls imposante Ruine des **Castelo São Sebastião** (17. Jahrhundert).

Die Straße passiert dann Montinho und Junqueira, zwei typische algarvische Dörfer, und steigt zu dem auf einem Ausläufer der Serra Alta Mór liegenden Dorf Azinhal (1750 Einwohner) auf. An den Aufschlüssen (Böschungen) der neu verbreiterten Straße kann man den Aufbau dieser Bergzone erkennen: schieferiges und bröckeliges Gestein des Unterkarbon, womit sich die zahllosen runden Kuppen, soweit das Auge reicht, erklären. Die Straße wird auf ihrer gesamten Länge von Eukalyptusbäumen begleitet, die unverwüstliche Wassersucher mit sehr tiefem Wurzelwerk sind, und auch unter ungünstigen Bedingungen ihr Fortkommen haben. –Leider ist ihr Holz schraubenförmig gedreht, so daß es nur zu einfachen Gegenständen wie Kistenbrettchen usw. verwendet werden kann.–

Über einen weiteren Geländerücken dieser Serra hinweg (116 m) wird das Dorf **Odeleite** (3000 Einwohner) erreicht, das sich tief unterhalb der Straße im Tal des gleichnamigen Flusses ausbreitet.

Ein Fahrweg führt ostwärts (6 km) zur Häusergruppe Foz de Odeleite bei der Einmündung der Ribeira de Odeleite in den Rio Guadiana. Dieser bildet auf eine längere Strecke die Grenze gegenüber Spanien.

Die nun durchquerte Hügellandschaft, genannt Cumeada Foupana, ist ganz besonders trocken und fast ohne Bewuchs; teilweise werden Aufforstungsversuche gemacht. Immer wieder sehr schöne Ausblicke. Nach Überschreiten der Ribeira da Foupana rechter Hand ein Sträßchen (6 km), das zu der Häusergruppe Guerreiros do Rio führt, die am Ufer des Rio Guadiana liegt. Dann eine Straßenkreuzung:
Westwärts führt die N 124 entlang der Cumea da Pereirão über Martim Longo, Feíteira und Montes Noves (reizvolle Ausblicke) nach **Barranco do Velho** (-> bei C. 2);
ostwärts die N 122-1 (6 km) nach **Alcoutim** (5000 Einwohner), sehr altes Städtchen und Hauptort eines Concelho, der sich bis weit ins Landesinnere erstreckt. Es liegt hoch über dem Steilufer des Rio Guadiana, umgeben von Wein- und Obstgärten, und mit der Ruine eines Castelo aus der Zeit des Befreiungskampfes gegen die Spanier (17. Jahrhundert). Auf dem gegenüberliegenden Ufer des Flusses das spanische Dorf San Lucar. In der Nähe befindet sich die interessante Flußschleife Torro da Pinta.

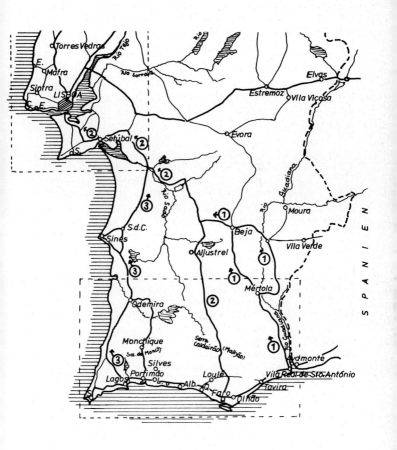

Die abwechslungsreiche Route überschreitet abwärtsführend auf einer Gitterbrücke das felsige Bett des Rio Vascão und betritt damit die Provinz Alentejo (Distrikt Beja). Dann links der Straße das große Pfarrdorf **Espirito Santo**, das inmitten einer Vegetationszone liegt. Die Kirche auf der Höhe ist aus einer maurischen Moschee entstanden. Die vielen Stümpfe ehemaliger Windmühlen lassen darauf schließen, daß diese Gegend früher fruchtbarer war. Dann überschreitet sie das Flüßchen Carreiras und verläuft einige Zeit über eine Hochebene und bis

Mértola (7000 Einwohner), sehr alte kleine romantische Stadt, die bei den Römern „Myrtilis" hieß; Hauptort eines großen Concelho. Die Stadt liegt am Zusammenfluß der Ribeira de Oeiras und des Rio Guadiana, und ist treppenförmig an deren hohen Ufern aufgebaut, überragt von der Ruine eines maurischen **Castelo,** das nach der Vertreibung der Moslims im 13. Jahrhundert (insbesondere der Bergfried) wieder aufgebaut worden war. Auf die Mauren ist auch ein Teil der Uferanlagen zurückzuführen. Am Hang unterhalb des Castelo steht die sehr interessante **Igreja Paroquial,** die nach Art der Wehrkirchen mit Zinnen und Schießscharten versehen ist. Der **Innenraum** überrascht durch seinen fast quadratischen Grundriß, er ist fünfschiffig mit je 4 Jochen und ist auf eine ehemalige Moschee zurückzuführen, ebenso wie die 12 Säulen, die das im 13. Jahrhundert unter christlicher Herrschaft eingezogene Gewölbe tragen. Hinter dem Altar ist noch der ehemalige Mihrab (islamische Gebetsnische in Richtung Mekka – vgl. Goldstadtführer MAROKKO, S. 237) zu sehen. Das Renaissanceportal wurde in späterer Zeit (16. Jahrhundert) eingesetzt.

Westwärts führt das Sträßchen N 267 durch meist trockenes Hügelland nach Almodôvar.

Das nächste Etappenziel **Beja** ist auf zweierlei Art zu erreichen:

a. Die direkte kürzere Route N 122 (55 km) entfernt sich westwärts vom Fluß und führt durch eine gleichförmige ebene, mit Korkeichenwäldchen durchsetzte Landschaft, das „Campo de Beja", mit wenigen und kleinen Siedlungen entlang der Straße. Erst nach 30 km ein Flußlauf, die Ribeira de Terges,

die sich kurz vor der Brücke durch die Ribeira de Cobres ver-
stärkt hat.

b. Die 25 km längere Route überquert ostwärts als N 265
den Rio Guadiana auf neuer Betonbrücke (die erste Brücke
seit Flußmündung). Sie steigt in das zwischen den Rios Guadiana und Chança gelegene Hügelland auf und ist zunächst
verhältnismäßig abwechslungsreich. Dann passiert sie einen
Stausee und die wirtschaftlich wichtige Bergbausiedlung **Mina
de São Domingos,** wo man Pyrit und Kupfererz abbaut, das
einige km südlich in Pomarão zu Schiff gebracht wird, um in
Vila Real de Santo António für die Fahrt nach Lissabon oder
England umgeladen zu werden. Dieses Bergbaugebiet ist ein
Ausläufer der benachbarten Kupferlager von Rio Tinto in
Spanien.

Die Straße verläuft nun durch eine gutbestellte, wellige
Landschaft, in der der Großgrundbesitz vorherrscht. Dann
mehren sich die Olivenbäume, die in der Umgebung von Santa
Iria zu geschlossenen Wäldern zusammenwachsen, soweit das
Auge reicht. Dann **Serpa,** das gleichfalls von Olivenanlagen
umgeben ist. Schon vor dem Städtchen ist links der Straße auf
dem Hügel São Gens die 60 m über der umgebenden Land-
schaft erbaute Capela Na.Sa. da Guadaloupe zu erkennen. Das
Städtchen selbst (11 000 Einwohner) kann auf Umgehungs-
straße umfahren werden, doch weist es einige Sehenswürdigkeiten auf, so die von zwei dicken Rundtürmen flankierte
Porta de Beja, die Ruine des Castelo, die gotische Kirche Santa
Maria aus dem 14. Jahrhundert mit Azulejos des 17. Jahrhunderts, und das Kloster Santo António (15./16. Jahrhundert) mit
Kirche, ähnlich wie Santo André in Beja, mit vielfarbigen
Azulejos des 16., und blauen des 18. Jahrhundert.

20 km südlich von Serpa, in Richtung des Dörfchens São Brás (der
letzte Teil auf Fußweg), ist der 80 m hohe Wasserfall **Pulo do Lobo**
zu sehen.

29 km nordöstlich von Serpa liegt das sehr alte Städtchen **Moura** *,
das viele Sehenswürdigkeiten aufweist.

Mit Serpa hat man die Hauptstraße (Querverbindungsstra-
ße) N 260 (E 52) erreicht, die ostwärts zur spanischen Grenze
(35 km) führt, und nordwestwärts das tiefergelegene Tal des
Rio Guadiana überquert, und durch den gleichförmigen aber

landwirtschaftlich gutgenutzten Campo de Beja die auf einer Anhöhe über der Ebene stehende Stadt **Beja *** erreicht, deren Silhouette durch den Hauptturm des Kastells ihren Akzent erhält.

Man verläßt Beja auf der N 121 (E 52) in westlicher Richtung, vorbei (rechter Hand) an der gotischen **Ermida de Santo André** (15. Jahrhundert) mit ihren seltsamen turmförmigen Strebepfeilern. Die Route verläuft teils durch in Kultur stehende, teils durch steinige oder felsige Landschaft, und erreicht **Ferreira do Alentejo.**

(Dort Anschluß an die Ausflugsstrecke Faro - Lissabon, → nachstehend Ziff. 2).

2.
Faro - Lissabon (300 km)

Die N 2 beginnt in Faro beim Friedhof (Cemitério) und verläßt die Stadt in nördlicher Richtung. Sie durchquert Obst- und Gemüseland, das oft noch nach ehemaliger maurischer Art mit großen Schöpfrädern bewässert wird.

Nach 10 km rechterhand das Dorf **Estói,** gelegen im Bereich der kleinen Ribeira (Fluß bzw. Aue) do Alcaide. Hier befindet sich noch das Barockschloß der ehemaligen Vicondes de Estói, in altem italienischem Garten (Privatbesitz). Ganz in der Nähe (zwischen Straße und Dorf) liegt die **römische Ruinenstätte Milreu** mit Resten eines Tempels usw. (→ Faro *).

Die Straße passiert das Hügelland der Serra de Monte Figo (410 m) und erreicht **São Brás de Alportel,** ein Städtchen und Straßenknotenpunkt mit 9000 Einwohnern und 34 Gastbetten. Nun geht es auf abwechslungsreicher Strecke und teilweise durch Talschluchten (man passiert Barranco do Velho und Vale de Rosa) durch die Serra do Caldeirão und do Malhão. An der Straße der Aussichtspunkt Miradouro do Caldeirão (455 m). Hinter **Ameixial** wird das Gebirge von einer hügeligen und mit Korkeichenwäldchen durchsetzten Hochebene abgelöst. Die Straße überquert die Ribeira de Vascão, die hier die Provinzgrenze bildet. Man betritt die Provinz Alentejo und erreicht am Oberlauf der Ribeira de Cobres das

Städtchen **Almodôvar** mit 6000 Einwohnern (Hauptort eines Concelho, Kloster São Francisco mit kleinem Kreuzgang von 1680). In der Umgebung gibt es ausgedehnte Olivenanlagen und Korkeichenbestände, die sich bis zu dem erhöht gelegenen Marktort **Castro Verde** (6000 Einwohner) hinziehen. Interessant ist hier die Igreja Na. Sa. da Conceição, deren Schiff vollständig mit Azulejosgemälden (1713) verkleidet ist, die Szenen aus der Schlacht von Ourique darstellen. Jahrmarkt am 14. Oktober.

15 km südwestlich liegt das Landstädtchen **Ourique** (6000 Einw.). In seiner Nähe fand im Jahr 1139 die für den nachmaligen König Afonso (I) siegreiche und geschichtlich bedeutsame Schlacht gegen die Mauren statt.

7 km südlich von Ourique (bei Aldeia dos Palheiros) finden sich unweit des neuen Stausees de Santa Clara die Reste eines ehemaligen befestigten römischen Militärlagers, genannt **Castro de Cola,** in den Ausmaßen von ca. 45 zu 200 m.

Durch eine monotone Landschaft passiert man die einsam gelegene Bahnstation von Castro Verde, und dann die Industriestadt **Aljustrel** (12 000 Einwohner), die ihre Bedeutung durch die seit dem Altertum hier ausgebeuteten Kupfervorkommen erhalten hat. Dann wird die Talsenke der Ribeira do Roxo passiert, die aus dem ostwärts gelegenen Stausee gleichen Namens fließt. Nahebei kurze Stichstraße (2 km) zur Staumauer.

Nahebei auch, bei dem Dorf **Ervidel,** ein Abzweig (N 18) über Santa Vitória nach der Stadt **Beja *** (21 km, → Ziff. 6).

Durch typische weithorizontige Alentejolandschaft erreicht man **Ferreira do Alentejo,** ein Städtchen mit 8500 Einwohnern am Kreuzungspunkt wichtiger Landstraßen. In der Kirche da Misericórdia ein Hochaltar aus dem 16. Jahrhundert.

Unsere Route führt auf der N 2 nordwärts weiter durch eine abwechslungsreiche Heide- und Weidelandschaft nach **Odivelas** am gleichnamigen Fluß (der unweit von hier aufgestaut wird), und nach **Torrão,** Städtchen mit 6000 Einwohnern, das das Andenken des hier geborenen Dichters Bernadim Ribeiro, Verfasser der berühmten „Saudades" (16. Jh.) bewahrt. Kleine manuelische Kirche mit mehrfarbigen Azulejos.

Wer zwischendurch einige schöne Baudenkmäler sehen möchte, der kann in Torrão einen Abstecher nordostwärts nach **Alcáçovas** machen (12 km auf der N 2 in Richtung Evora). In diesem großen Dorf gibt es das Palais Barahonas dos Condes d'Alcáçovas aus dem

16. Jahrhundert. In der Kirche (15./16. Jahrh.) einige interessante Grabdenkmäler. 3 km westwärts die Capela Na. Sa. da Esperança in 280 m Aussichtslage, und die Reste eines Dominikanerklosters von 1514. 14 km nördlich von Alcáçovas liegt die neuentdeckte vorgeschichtliche Höhle **Grouta d'Escoural** (→ Evora, Ziff. 7).

Nun auf der N 5 westwärts über dem nördlichen Rand des Stausees Barragem Trigo de Morais entlang, an dessen westlichem Ende eine kurze Stichstraße (3 km) zur Staumauer hinführt. Bei Porto do Rei erreicht man durch ausgedehnte Reisfelder den Einzugsbereich des Rio Sado, und diesem entlang durch eine fruchtbare Landschaft die alte Salz- und Binnenhafenstadt

Alcácer do Sal,

(bei den Römern „Salacia" genannt). Sie zählt ca. 15 000 Einwohner und erhebt sich stufenförmig über dem hier steilen nördlichen Ufer des Rio Sado. Auf ihrem höchsten Punkt die Ruine eines maurischen **Castelo** (Rundblick), daneben die kleine romanische **Kirche Na. Sa. do Castelo** (12./13. Jahrh.) und die Ruinen des Convento de Araceli. Am westlichen Ende der Stadt die romanisch-gotische **Igreja Senhor dos Martires** (13./14. Jahrh.), die anläßlich der Vertreibung der Mauren erbaut worden war. 15 km nordöstlich befindet sich der Stausee Berragem Salazar.

Teils durch Reisfelder, teils durch Korkeichenwälder führt die N 5 (E 52) nordwärts bis Marateca. Dort empfiehlt sich die N 10, die westwärts abzweigend durch Reisfelder und Weingärten die alte Hafenstadt **Setúbal *** erreicht (→ Ziff. 9).

Nun geht es aufwärts in die **Serra d'Arrábida** (→ nachstehende Ziff. 4), und nordwärts abwärts durch den Wald Pinhal d'Arvoeira zur Autostrada do Sur, die die Halbinsel Caparica in nordsüdlicher Richtung durchquert. Von weitem erblickt man auf einer Hügelkuppe über dem Südufer des Rio Tejo die kreuzförmige **Monumentalstatue Cristo Rei,** die 1959 als Votivmal für die Bewahrung Portugals im Zweiten Weltkrieg errichtet worden ist.

Die 1966 in Dienst gestellte PONTE SALAZAR ist ein Wahrzeichen Lissabons; sie findet in ganz Europa nicht ihresgleichen. Seit dem politischen Umsturz heißt sie „Ponte de 25 de Avril."

Die 28 m hohe Statue steht auf einem 82 m hohen Sockelturm, in welchem sich eine Kapelle befindet. Ein Fahrstuhl führt zur Terrasse am Fuß der Statue, von wo eine sehr schöne Aussicht auf die am jenseitigen Flußufer liegende Stadt Lissabon gegeben ist.

Über eine Abfahrt der Autostrada kann man das Seebad (und Fischerhafen) **Costa da Caparica**) erreichen. Dort langer Sandstrand, Campingplätze, 600 Gastbetten, Touristenbüro.

Hier befindet sich nun der hochgelegene Brückenkopf (bei Cacilhas und Almada), von dem aus die 1966 eröffnete **Hängebrücke Ponte de 25 de Avril** den hier über 2 km breiten Tejostrom überquert (Brückenzoll - Halteverbot) und zu dem gegenüberliegenden **Lissabon** (➤ Ziff. 5) führt.

Dieses neue Wahrzeichen Lissabons hat eine Länge von 3,2 km, davon ein Stück von 2,3 km über dem Fluß. Letzteres wird von zwei Pfeilern von je 190 m Höhe getragen (zum Vergleich: Türme des Kölner Doms = 159 m); das dazwischenhängende Mittelstück ist mit 1013 m nach der Bosporusbrücke das längste Europas (➤ Lissabon *).

3.
Die südwestliche Küstenstraße
Lagos – Alcácer do Sal (124 km) – Lissabon (224 km)

Man verläßt Lagos an der Praça Dom João II. auf der N 120. Diese führt über Portelas, Bensafrim und Feiteira durch gut bebautes Land (viel Feigen- und Mandelbäume) und steigt zur Serra de Espinhaço de Cão auf, die in 250 m Höhe überschritten wird. Abwärts nach Alfambra, wo die Straße N 268 aus Richtung Sagres einmündet.

Dann **Aljezur** am Fluß gleichen Namens. Das Städtchen mit 5500 Einwohnern liegt am Hang eines Hügels, auf dem sich die Ruine eines maurischen Kastells befindet. Auf dem Friedhof des Städtchens kann man die Gräber von 7 deutschen Fliegern besuchen, die im 2. Weltkrieg hier abgestürzt waren. (2 Sträßchen führen meerwärts zu den Badestränden Monte Clérigo mit turmhohen Sanddünen, und Praia Arrifana mit der Ruine eines alten Wachtturms — alles sehr interessant !!).

Bei dem Dörfchen **Rogil** führt ein Weg zu der Praia Carriagem. Rechter Hand die Serra de Monchique, über deren Ausläufer die Straße führt. Nach dem Dörfchen mit dem seltsamen Namen Maria Vinagre (= Essig) fällt sie steil ab nach **Odeceixe**, gelegen am Uferhang der Ribeira de Seixe. Ein Weg führt meerwärts zur Praia de Odeceixe.

Die Straße steigt wieder in die Vorberge und verläßt die Provinz Algarve. Bei São Teotónico, das seitlich der Straße in 200 m Höhe liegt, führt westwärts ein Weg (7 km) zur Praia Zambujeira do Mar. Dann fällt die N 120 ins Tal des Rio Mira und erreicht das Städtchen **Odemira** (8000 Einwohner). Der Rio Mira ist zum Wasserwandern gut geeignet. Von O mündet die Serra-de-Monchique-Straße ein (→ B. 4).

Die Straße wechselt nordwärts wieder ins Hügelland und überschreitet das stille tiefe Tal der Ribeira Torgal auf der 1936 erbauten hohen Ponte do Sol Posto (= Sonnenuntergang). Die Landschaft ist, abgesehen von den Eukalyptusbäumen entlang der Straße, fast baumlos (Weizenland). Von höher gelegenen Punkten der Straße ist ein unendliches gleichförmiges Hügelland zu erblicken, dessen runde Kuppen durch unterschiedliche Verwitterung des lockeren Schiefergesteins entstanden sind. Die Landschaft gleicht erstarrtem Meeresgewoge. Die Straße schlängelt sich in unzähligen Kurven von einem Hügel zum andern. Linker Hand die Serra de Cercal.

Dann der Marktflecken **Cercal** am Kreuzungspunkt einiger für die Landwirtschaft wichtiger Straßen und Wege.

10 km ostwärts der Stausee de Campilhas. Nach SW führt eine Straße (N 390) quer über die Serra de Cercal (341 m) nach **Vila Nova de Milfontes** (15 km), Fischerhafen und Sandstrand an der Mündungsbucht des Rio Mira (Sportfischerei, Unterwassersport, Grotten). Bereits die Römer benützten diese günstige Landebucht, wie archäologische Funde bewiesen haben. Das Castelo stammt aus der Zeit des Befreiungskampfes gegen die Spanier (17. Jahrhundert).

Von Cercal nach Santiago do Cacem führt die N 120 durch ein verhältnismäßig abwechslungsreiches Gebiet; trotzdem wird empfohlen, in Tanganheira den Umweg auf der Straße N 120–1 (ein Mehr von 15 km) über **Sines** zu machen. Dieses Fischerstädtchen mit 9000 Einwohnern hat eine sehr schöne Lage im Schutze des vorgeschobenen Kaps von Sines (Leuchtturm). Gigantische Erdölraffinerien. Konservenfabriken. Sandstrand zwischen den Klippen. Sines ist Heimatort des Seefahrers Vasco da Gama, der auch die hochgelegene Kapelle Na.Sa. das Sales erbauen ließ (fertiggestellt 1529). Schöner Überblick von der Höhe des **Castelo** (13. Jahrhundert). Unterwassersport, Sportfischerei, Camping, 300 Gastbetten. Weitere Strandplätze liegen an der Küste südöstlich von Sines, insbesondere das neue Touristenzentrum **Porto Covo** mit mietbaren Bungalows. Vor Porto Covo das Felseninselchen Pecegueiro. Ein kilometerlanger Sandstrand erstreckt sich nördlich das Caps, u. a. mit dem Siedlungsplan Fontainhas do Mar. Zahlreiche Windmühlen in der Umgebung.

Santiago do Cacem ist eine kleine saubere Landstadt (7000 Einwohner) mit schönen Orangenalleen, gelegen am Abhang seines Schloßbergs, der sich frei über der Küstenebene erhebt. Angenehmes Sommerklima, da die Stadt durch ihre exponierte Lage stets der Seebrise ausgesetzt ist. Das **Castelo in 254 m** Höhe (Aussicht vom Rundweg um die Mauern) wurde ehedem von dem Tempelritterorden erbaut. Innerhalb der Umfassungsmauern befindet sich heute der mit hohen Zypressen bepflanzte Friedhof. Daneben die **Pfarrkirche** aus dem 13. Jahrhundert (romanisch-gotisch), aber mehrmals umgebaut (Fassade von 1791). 90 Gastbetten.

Nordwestwärts führt eine Nebenstraße (N 261) nach den Weilern Santo André und Aldeia de Brescos (Costa de Santo André), mit dem **Lagõa de Santo André** (17 km), der das Mündungsbecken (Lagunensee) der Ribeira da Cascalheira darstellt, und dicht hinter der Meeresküste (weiter Sandstrand) liegt (Vogelparadies, Campingplatz). Noch weiter nördlich liegen die Dörfer Melides (Sandstrand und Lagune), Torroal (Casa Branca), Comporta und Tróia (römische Ruinen von Cetobriga) auf der Setúbal gegenüberliegenden **Halbinsel Comporta**. Diese stellt infolge ihrer Abgelegenheit ein Tierparadies dar.

Die Straße führt in abwechslungsreichem Kurs über die Serra de Grândola, mit südlicher Vegetation (Olivenanlagen und Korkeichenwälder). Am nördlichen Rande der Serra, bei km 24, führt ein kurzer Seitenweg (2 km) aufwärts zur Capela Penha mit schöner Aussicht. Dann **Grândola,** Landstadt mit 12000 Einwohnern, Landwirtschaftszentrum und Korkindustrie.

Westwärts führt die Nebenstraße N 261–2 über die Serra nach **Melides** (17 km) usw. → Santiago do Cacém.

Durch eine flache Dünenlandschaft, die mehr und mehr aufgeforstet wird, führt die teilweise schnurgerade Straße zum Rio Sado, der auf einer Hebebrücke überschritten wird, um **Alcácer do Sal** zu erreichen.

(Dort Anschluß an die Ausflugsstrecke Faro - Lissabon, → vorstehend Ziff. 2)

4.

Über die Serra d'Arrábida

Die Serra d'Arrábida liegt im Süden der Halbinsel von Setúbal (Süd-Estremadura), knapp 30 km südlich von Lissabon, über die neuerbaute Salazar-Brücke nunmehr von dort aus sehr leicht zu erreichen.

Dieser Gebirgszug ist eine Sehenswürdigkeit. Er besteht aus Kalkstein des Tertiär und erstreckt sich über ca. 35 km vom Cabo Espichel im Südwesten bis Palmela im Nordosten, bei einer Höhe bis zu 500 m. Seine Vegetation ist am Südhang fast mittelmeerisch mit Lorbeer und Myrthe, Erikasträuchern, Zwergpalmen, Pinien, Zypressen und Eichen, während an den flacheren Nordhängen, die bis ins 18. Jahrhundert als herrschaftliches Jagdgebiet mit Wald bedeckt waren, heute vor allem Obstgärten und Weinberge angelegt sind. Infolge der geologisch jungen Formation des Gebirges sind seine Formen noch wenig abgeschliffen, vielmehr scharf akzentuiert und am Südrand über die gesamte Höhe von 500 m steil zum Meer abfallend, mit entsprechenden Aussichtspunkten.

Eine **Rundfahrt** könnte von Setúbal * aus etwa folgende Gestalt haben: Zunächst auf der N 10 westwärts aufwärts. Auf dem Scheitelpunkt der Straße (nach etwa 10 km) die Capela (und Portela) das Necessidades (1756) mit Aussicht ins Tejotal. Unweit der im 15./16. Jahrhundert erbaute Palast de Bacalhoa, leider nicht zu besichtigen, dafür aber am Ortsende von Vila Fresca de Azeitão die **Quinta das Torres** (Estalagem mit 22 B.), die ehedem ein Herrschaftssitz war und in ihren Sälen wertvolle Azulejosgemälde aus Italien (16. Jahrhundert) bewahrt. Schöner Park.

Dann weiter über Vila Nogueira zum **Cabo Espichel** (160 m, Leuchtturm) auf windumtostem Vorposten. Am Straßenende das ehemalige **Santuário Na. Sa. do Cabo,** das seit dem 13. Jahrhundert Wallfahrtsort war. Die gegenwärtige Kapelle wurde im 17. Jahrhundert errichtet und ist in den ersten Tagen des Oktober Ziel der Fischerwallfahrt.

Rückfahrt bis Santana (Sant'Ana,) dort südwärts abbiegen und auf aussichtsreicher Straße abwärts. Rechter Hand in 240 m das **Castelo de Sesimbra**, das 1165 den Mauren entrissen worden war. Aus jener Zeit stammt die kleine Kirche Na. Sa. do Castelo. Das heute vorhandene Kastell wurde im wesentlichen im 17. Jahrhundert erbaut, als Portugal die Vorherrschaft der spanischen Habsburger abschüttelte. Sehr schöne Aussicht auf das darunterliegende **Sesimbra** (8000 Einwohner, 450 Gastbetten), ein romantisches Fischerstädtchen mit Badestrand an meist ruhiger und klarer See. Schöne Aussicht vom Calvarienberg und vom Fort São Teodósio, wo ein Leuchtturm eingerichtet ist. Nachmittags Fischversteigerung am Strand. Wassersport, Unterwassersport, Fischen, Camping.

Zurück nach Santana zur N 379. Dort nach 2 km rechter Hand ein Sträßchen zum Palais Calhariz der Duques de Palmela aus dem 17. Jahrhundert (Privatbesitz).

Dann rechter Hand auf der N 379-1 aufwärts zum Kamm der Serra und abwärts auf aussichtsreicher Hangstraße durch die „Mata do Solitário", einen alten Urwald (rechter Hand die Tropfsteingrotten von Santa Margarida), nach **Portinho da Arrábida**, Fischerhafen mit schönem Badestrand (80 Gastbetten).

Von Portinho ein Stück aufwärts zurück zur Hangstraße (Cornija) N 379-1 und rechts abwärts weiter. Stationskapellen in regelmäßigen Abständen führen zur Ermida de Bom Jesus hinauf, ein Fußpfad zum **Monte Formosinho** (501 m), dem höchsten Punkt der Serra, mit einzigartigem Rundblick.

Dieses Straßenstück entlang des Südhanges der Serra ist wohl das schönste von ganz Portugal. Man sollte keine der angelegten Aussichtsterrassen auslassen, da sich immer wieder neue Blickwinkel auftun.

5.

LISSABON (LISBOA)

ist mit nun 1 Million Einwohnern der fast schon etwas zu groß geratene Kopf Portugals. Die Stadt ist Zentrum der Verwaltung, des kulturellen Lebens, des Handels, der Industrie und der gesamten sonstigen Wirtschaft überhaupt, und sie hat den größten Hafen des Landes. Das ganze Straßennetz Portugals ist strahlenförmig auf Lissabon ausgerichtet.

Die Stadt liegt über dem nördlichen Uferrand des Rio Tejo, der hier eine weite Mündungsbucht, das „Mar de Palha" (Strohmeer) bildet. Sie erstreckt sich über mehrere Hügel, zwischen welchen verhältnismäßig steil abfallende Täler zum Fluß hinabführen und dadurch eine starke Gliederung des Stadtbildes bewirken, die Treppenstraßen, Seilbahnen und sogar Passantenaufzüge erforderlich macht.

Lissabon ist dem Tejo und damit dem Meer zugewandt. Ihr wirtschaftlicher Charakter wird vom Hafen bestimmt, dessen Kais, Lagerhäuser, Werkstätten und Dockanlagen sich über 16 km dem Flußufer entlang erstrecken, und wo die größten Ozeanschiffe anlegen können. Die Industrie lehnt sich an diese Anlagen an, sie konzentriert sich aber auch am gegenüberliegenden südlichen Tejoufer um den Industrieort Barreiro, wo sich insbesondere Textil-, Konserven- und chemische Industrie und Betriebe des Fahrzeugbaus, sowie Dockanlagen befinden, darunter das gegenwärtig größte Trockendock der Welt mit 500 m Länge, das Schiffe bis zu einer Tonnage von 1 Million aufnehmen kann. Die Ponte Salazar, ein neues Wahrzeichen Lissabons, verbindet seit 1966 die beiden Ufer.

Lissabon ist der Geburtsort des Franziskanerpaters Fernando de Bulhões, des nachmaligen Heiligen Antonius von Padua, der neben dem Heiligen Vinzenz zum Schutzpatron Portugals wurde. Sein Jahrtag (13. Juni) wird allenthalben festlich begangen.

Geschichte: Lissabon ist eine phönizische Gründung und trug damals (vor 3000 Jahren) den Namen „Alis-Ubbo", was „Glückhafte Bucht" bedeutete, wohl in Anbetracht der Tatsache, daß sich damals, von der heutigen Praça do Comércio ausgehend, ein Flußarm nordwärts zog, der die um den Burgberg gruppierte Stadt auch gegen Westen schützte und einen idealen Ankerplatz bildete.

Nach den Phöniziern kamen die Griechen, dann die Karthager, wie die Phönizier auch seefahrende Völker. Die nachfolgenden Römer und die mit ihnen verbündeten Westgoten umgaben die nun Olisipo genannte Stadt mit festen Mauern und vergrößerten die auf dem Burgberg stehende Zitadelle. Aber 716 ging die Stadt an die 5 Jahre zuvor in Gibraltar gelandeten „ungläubigen" Mauren verloren. Unter diesen Kolonisatoren erlebte sie eine gewisse Blütezeit, und war während 4 Jahrhunderten ein Zentrum von Handel und Gewerbe sowie die Hauptstadt eines maurischen Teilstaats.

Im Zuge der Reconquista eroberte König Afonso I. mit Hilfe von durchziehenden Kreuzrittern im Jahr 1147 die Stadt, die unter Afonso III. nach vollständiger Vertreibung der Mauren von portugiesischem Boden 1260 zur Landeshauptstadt gemacht wurde und 1290 eine Universität erhielt (die später nach Coimbra verlegt wurde). 1373 wurde die Stadt vom kastilischen „Erbfeind" eingenommen, nach dessen Abzug wurde sie jedoch unter König Ferdinand sofort wieder mit einer neuen Mauer, der „Cerca Fernandina", umgeben, die auch die inzwischen hinzugekommenen neuen Stadtteile einschloß.

Die größte Blütezeit begann für Lissabon unter König Manuel zum Ende des 15. Jahrhunderts, als sich die portugiesischen Entdeckungs- und Eroberungsfahrten auswirkten. Die Stadt wurde der wichtigste Hafen- und Handelsplatz Europas und größter Umschlagplatz für die begehrten Waren aus Brasilien, Afrika und dem Orient. Sie war ein kulturelles Zentrum von Bedeutung und wurde eine der schönsten und reichsten Metropolen Europas.

Während der Zwischenherrschaft der Spanier (1580–1640) trat eine Stagnation der Wirtschaft und des kulturellen Lebens ein. Den größten Schlag erlitt die Stadt jedoch am Morgen des 1. November 1755 (Allerheiligen), als sie von einem Erdbeben erschüttert wurde, das vor allem die auf der nun verlandeten ehemaligen Hafenbucht erbaute Unterstadt in Mitleidenschaft zog. Der Tejo trat über seine Ufer, und Brände wüteten fünf Tage in der Stadt und vollendeten das Vernichtungswerk. Es sollen dabei über 5000 Wohnungen und Paläste, 110 Kirchen und 30 bis 40 tausend Menschen (die in den Kirchen zur Hauptmesse versammelt waren) zugrunde gegangen sein.

Aber die leidgeprüfte Stadt fand in dem Marquês de Pombal, dem ersten Minister von König José, ihren Wiedererwecker. Innerhalb von 10 Jahren wurde sie auf seine Initiative wieder aufgebaut, und es entstand dabei an der Stelle der vollkommen zerstörten Unterstadt das heutige rechtwinklige Stadtviertel Baixa mit der großen Stadtachse, die von der Praça do Comércio über den Rossio und die Avenida da Liberdade zur Praça de Pombal führt.

Infolge der französischen Besetzung zu Anfang des 19. Jahrhunderts befand sich die königliche Residenz von 1807 bis 1821 in der damaligen Kolonie Brasilien (die sich in jener Zeit selbständig machte). Von den inneren Unruhen blieb auch die Hauptstadt nicht verschont, und 1908 fielen in ihren Mauern König Carlos und der Thronfolger einem Attentat zum Opfer, Signal der zwei Jahre später erfolgten Etablierung der Republik. Der Stadt gelang es in der Folge, sich zu behaupten, und nach der politischen und ökonomischen Straffung in den zwanziger Jahren und dem Wirtschaftsaufschwung während und nach dem zweiten Weltkrieg wurde sie zu der heutigen modernen Weltstadt, die noch den Atem ihrer Vergangenheit spüren läßt.

Sehenswürdigkeiten:

Infolge des stark gegliederten Reliefs des Stadtbereichs erscheint dieser dem Fremden zunächst einigermaßen unübersichtlich. Er läßt sich aber ganz grob in 4 große divergierende Teile gliedern, und zwar:

I. Zentrum,

II. Altstadt (Oststadt),

III. Oberstadt (Weststadt, Bairro Alto) und

IV. Belém und Monsanto,

wobei man die Wohnbezirke nördlich, westlich und östlich des Parque Eduardo VII. ausnehmen kann, da sie von geringerem touristischem Interesse sind.

Gemessen an ihrer historischen Vergangenheit, ihrer Größe und ihrer Bedeutung ist die Stadt nicht sehr reich an Kunstschätzen, aber doch reich genug, daß man sich wochenlang aufhalten müßte, wenn man keine Sehenswürdigkeit auslassen wollte.

Was das Befahren der City mit dem eigenen Wagen anbetrifft, so soll an dieser Stelle nochmals auf das in Abschn. D. 2 gesagte verwiesen werden. Der am günstigsten gelegene Parkplatz Praça do Comércio ist praktisch immer belegt, der nächstgünstige Parkplatz, auf dem man mit einiger Sicherheit unterkommen wird, heißt „Campo das Cebolas" und liegt nur einen Häuserblock weiter flußaufwärts.

I. Das Zentrum.

Zentrum der Stadt und des geschäftlichen Lebens ist die **Baixa** (Unterstadt), die an die Praça do Comércio angrenzt und das breite Tal zwischen den Hügeln São Jorge und Carmo ausfüllt, welches noch vor tausend Jahren vom Hafenbecken eingenommen worden war. Dieses Stadtviertel wurde nach dem Erdbeben auf Initiative des Marquês de Pombal von Grund auf neu aufgebaut; es war dies eine der ersten „auf dem Reißbrett" entstandenen Städte in Europa, mit entsprechenden streng rechtwinkligen Straßenzügen.

Die Baixa ist das Geschäftsviertel der Stadt, das nur am Tage lebt und nach Geschäftsschluß erheblich stiller wird. Straßennamen wie Rua do Conceição (Banken), Rua do Ouro bzw. Aurea (Gold), Rua dos Sapateiro (Schuhmacher), Rua dos Correeiros (Sattler) und Rua dos Fanqueiros (Weißzeugkrämer) erinnern an zeitweilige Konzentrationen mancher Handels- und Gewerbebetriebe in bestimmten Straßen, was heutzutage großenteils verwischt ist.

Mittelstraße der Baixa und Teil der Stadtachse ist die Rua Augusta. Sie führt südwärts durch einen Triumphbogen zur **Praça do Comércio,** auch „Terreiro do Paço" genannt, weil hier vor dem Erdbeben der prachtvolle Königspalast (Paço da Ribeira = Uferpalast) gestanden hatte, der mit all seinen Reichtümern und einer einzigartigen Bibliothek von den Fluten des über seine Ufer getretenen Tejo fortgespült wurde. Der Platz hat ein Ausmaß von 193 zu 177 m, und ist auf drei Seiten mit langgestreckten Arkadenbauten umgeben.

LISSABON. Das schöne manuelische Portal der Igreja da Conceição Velha, unweit der Praça do Comércio.

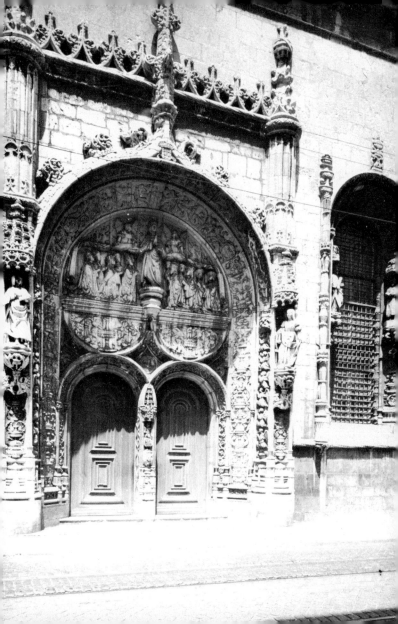

Die Südseite öffnet sich zum Tejoufer mit dem Bahnhof Sul e Sueste und der Landestelle der Autofähre nach Cacilhas (Cais dos Colunas). In Platzmitte das in Bronce gegossene Reiterstandbild von König José, unter dessen Herrschaft der Neuaufbau der Stadt erfolgte. Der Platz diente früher zu repräsentativen Aufmärschen und Kundgebungen, heute ist er ein stets überfüllter Parkplatz.

Am Nordende des Platzes (Triumphbogen) führt links die Rua do Arsenal (wo am 1. Februar 1908 König Carlos und der Kronprinz ermordet wurden) zur Praça do Município mit dem Rathaus und einem Pelourinho aus dem 18. Jahrhundert; rechts am Triumphbogen entlang erreicht man nach wenigen Metern die an die Rua da Alfândega grenzende **Kirche da Conceição Velha** mit ganz besonders schönem manuelischem **Portal**, das ursprünglich zum Querschiff der beim Erdbeben eingestürzten Kirche da Misericórdia gehörte. Hier scheinen die selben Künstler am Werk gewesen zu sein, wie beim Jerónimokloster zu Belém.

Im Norden der Baixa liegt angrenzend die Praça de Dom Pedro IV., meist jedoch **Rossio** genannt, auf dem früher die Autodafés (Ketzerverbrennungen) stattfanden, lag doch der Palast der Hohen Inquisition direkt an seiner nördlichen Schmalseite. Dieser Platz ist die Drehscheibe des Stadtverkehrs und Mittelpunkt des gesellschaftlichen Lebens der Stadt. Die vor den zahllosen Restaurants und Cafés auf den Gehsteigen aufgestellten Stühle sind ständig besetzt; nicht nur von Unbeschäftigen, sondern hier werden auch Geschäfte abgeschlossen, man läßt sich die Schuhe putzen, liest gemächlich seine Korrespondenz oder Zeitung, oder (sehr typisch) ein Student oder Oberschüler sitzt stundenlang neben einer Tasse Kaffee und treibt seine Studien.

Die Mitte des Platzes trägt auf hoher Säule die Statue des Namensgebers, der in den zwanziger Jahren des letzten Jahrhunderts die Kaiserkrone von Brasilien ablegte, um den Absolutismus in Portugal zu beseitigen. An der Stelle des genannten ehemaligen Inquisitionspalastes erstand 1840/46 das Nationaltheater (1966 ausgebrannt) mit klassizistischer Fassade und der Statue des Gil Vicente, Begründer des portugiesischen Theaters. Unweit davon steht der originelle Bahnhof Rossio, der im letzten Jahrhundert in romantischer Neumanuelik erbaut worden ist. Er bildet die Endstation der Lokalbahnen nach Sintra und Leiria, seine Bahnsteige befinden sich in Höhe des zweiten Stockwerks.

An den Rossio nördlich fast angrenzend liegt die **Praça dos Restauradores** mit 30 m hohem Obelisken zum Gedenken an die Männer, die mit dem Aufstand von 1640 gegen die Spanier die Unabhängigkeit Portugals wiederherstellten. Hier befindet sich auch der Palácio Foz mit der Touristenzentrale. Hinter demselben führt ein Aufzug auf die Höhe des **Miradouro de São Pedro de Alcântara,** einem beliebten Ruheplatz (kleine Parkanlage) und Aussichtspunkt.

Von der Praça dos Restauradores zieht die baumbestandene und fast 100 m breite **Avenida da Liberdade** 1½ km nordwärts aufwärts bis zu dem Rundplatz Praça Marquês de Pombal mit dem Denkmal dieses großen Staatsmannes. Er überblickt von hier sein ganzes Aufbauwerk bis zum Rio Tejo.

Von der Avenida da Liberdade aus erreicht man, westlich ansteigend, den **Botanischen Garten** der Universität, der infolge seiner geländemäßigen Gliederung, seiner üppigen Vegetation und seinen seltenen Spezies zu den interessantesten Europas gehört.

Östlich parallel zur Avenida verläuft die **Rua Puertas de Santo Antão,** mit zahlreichen Geschäften, Restaurants, Bars usw. sowie dem **Coliseu dos Recreios,** wo in buntem Wechsel Veranstaltungen von Theater, Ballett, Varieté, Sport, Zirkus usw. stattfinden. Hier befindet sich auch das **Überseemuseum für Völkerkunde,** das laufend Ausstellungen veranstaltet.

Oberhalb des Pombal grenzt der **Parque Eduardo VII.** an, der 1904 anläßlich des Besuches dieses englischen Monarchen angelegt worden ist. Am oberen Ende dieses Parkes befindet sich die **Estufa Fria,** eine einzigartige üppige Gartenparkanlage, in der tropische Gewächse der verschiedensten Art gehalten werden, nur geschützt durch transparente Abdeckungen. Unweit davon ein Aussichtspunkt, der ein umfassendes Stadtpanorama erschließt.

Wenig nördlich des Parks, an der Praça da Espanha, liegt das 1969 eröffnete **Museu Calouste Gulbenkian,** das ein Vermächtnis eines wohlhabenden Armeniers dieses Namens an den portugiesischen Staat darstellt. Es handelt sich hier um Kunstgegenstände der verschiedensten Art, besonders antike

(Altägypten, Griechenland, Rom, Orient, China, Japan usw.). Dieses noch wenig bekannte Museum ist sehr sehenswert!

Nordwestlich davon (am besten mit der U-Bahn zu erreichen) befindet sich der 26 ha große **Zoologische Garten,** den man wegen seines üppigen Pflanzenwuchses gleichzeitig auch als „Botanischen Garten" einstufen könnte. Er ist ganz besonders liebevoll eingerichtet, man kann ihn getrost auch als „Tierparadies" bezeichnen, da hier die Tiere fast wie in freier Wildbahn leben können, ein weiterer Beweis für die Tierfreundlichkeit der Portugiesen. Außerdem gibt es hier ein Kinderspielparadies mit Kamel- und Elefantenreiten, Ponyfahrten, Fahrschule, Affendorf usw. Vom höchsten Punkt des Gartens (der ehemals ein herrschaftlicher Park war), dem „Miradouro dos Moinhos" (Windmühlen) hat man eine schöne Rundsicht, u. a. zu dem nahegelegenen Aquädukt (→ Belém). Dieser Zoo ist zwar nicht der artenreichste, aber vielleicht der schönste Europas!

Zum Zentrum rechnet man noch den westlich über der Baixa liegenden Hang der westlichen Oberstadt, und zwar die Bereiche von Carmo, São Roque und Chiado.

Von der südwestlichen Ecke des Rossio aus führen die belebten Geschäftsstraßen Rua do Carmo und die von dieser rechts abzweigende Rua Garrett (oft nur „o Chiado" genannt) steil aufwärts. An letzterer liegen die elegantesten und teuersten Geschäfte, Buchhandlungen (auch eine deutsche) und Literatenkaffees. Dann erreicht man den Largo do Chiado mit der Statue des Dichters António Ribeiro Chiado, der im 16. Jahrhundert ein satirischer Volksdichter war.

Nordwestlich zweigt die Calçada do Sacramento ab, die zum Largo do Carmo führt, wo sich die Ruinen des Karmeliterklosters und der zugehörigen **Igreja do Carmo** erheben.

Will man den steilen Anstieg vermeiden, so kann man den Carmo auch von der Rua do Ouro (Aurea) bzw. von der Rua Santa Justa aus den Ascensor (Passantenaufzug) benützen, der direkt neben der Apsis der Carmokirche ankommt (Aussicht).

Das Kloster wurde 1389 von dem „Santo Condestavel" Nuno Alvares Pereira gegründet. Nach dem Erdbeben von 1755 blieb die hochgebaute gotische Kirche mit ihren geborstenen Mauern und klagend zum Himmel gerichteten Pfeilern als Erinnerungsmal stehen.

Nuno Alvares Pereira war der Enkel des Erzbischofs von Braga, Dom Gonçalo Pereira, und der Sohn des Großpriors des Ordem do Hospital (ei! ei!). Im Alentejo schloß er Freundschaft mit João, dem damaligen Großmeister des Aviz-Ordens. Als die Kastilier zwecks Annexion ins Land einfielen, übernahm Pereira den Oberbefehl über die portugiesischen Truppen, und an der Seite des von den Cortes inzwischen zum König gewählten João schlug er die Kastilier 1385 bei Aljubarrota entscheidend (-> Batalha *), wodurch die Unabhängigkeit Portugals gerettet war. Über 40 Jahre war er der Vertraute und Berater des Königs, der seinen unehelichen Sohn Afonso de Barcelos (-> Vieiros) mit Brites, der Tochter Pereiras, verheiratete. Diese wurden Vorfahren der portugiesischen Bragança-Dynastie, und über ihre Tochter Isabel auch Stammväter einer großen Zahl weiterer Monarchien in ganz Europa.

Dann zog sich der Condestavel als einfacher Bruder in sein Carmo kloster zurück und starb dort 1431. 1918 wurde er seliggesprochen.

Die Carmo-Kirche hat 3 Schiffe und Chor mit tieferliegenden Seitenkapellen und ist insbesondere ohne Dach. In der Hauptapsis steht der prunkvolle Sarkophag von König Fernão I., dessen unglückliche Politik zu der Gefahr von 1385 geführt hatte. Der Santo Condestavel ist in einer Seitenkapelle in einem Holzsarg beigesetzt, der seinem ehemals bei dem Erdbeben zerstörten Alabastersarkophag nachgebildet ist. In den Ruinen ist das **Museu Arqueológico** mit einer umfangreichen Lapidariensammlung untergebracht.

Wenig nordwestlich vom Carmo liegt die **Kirche São Roque,** die seit 1566 im Renaissancestil erbaut wurde. Vom Erdbeben wurde das verhältnismäßig einfache Portal in Mitleidenschaft gezogen, das anschließend wieder in den alten Zustand versetzt wurde. Nicht sehr beschädigt wurde insbesondere der einschiffige Innenraum, der somit seine kostbare Ausstattung bewahren konnte. Interessant ist die flache Holzdecke, die durch illusionistische Malerei den Eindruck eines Kuppel- bzw. Tonnengewölbes vermittelt. Hauptsehenswürdigkeit der Kirche ist die **Kapelle São João Baptista** (vorne links), die in der Mitte des 18. Jahrhunderts als Geschenk von König João V. unter einem gewaltigen Kostenaufwand entstand (deshalb auch „Königliche Kapelle" genannt). Sie wurde mit allen Einzelteilen von ersten italienischen Künstlern in Rom hergestellt, dort von Papst Benedikt XIV. geweiht, wieder zerlegt und in Lissabon wieder aufgebaut. Es handelt sich hier um ein echt barockes Kunstwerk, das in der Kostbarkeit und Vielfalt des verwendeten Materials fast einmalig ist und das trotz der verwirrenden Menge der Details eine harmonische Einheit bildet.

Neben der Kirche befindet sich das **Museu de Arte Sacra da Misericórdia,** das eine sehr kostbare Sammlung sakraler Kunstgegenstände enthält, die vor allem aus der beim Erdbeben zerstörten Kirche da Misericórdia stammen.

Wenig nördlich von São Roque befindet sich der **Miradouro de São Pedro de Alcântara,** eine kleine Parkanlage mit herrlicher Aussicht. (Nahebei führt eine Seilbahn abwärts zur Praça dos Restauradores.)

Folgt man nun der Rua da Misericórdia in südlicher Richtung, so kommt man zur **Praça Luis de Camões** mit dem Bronzedenkmal dieses berühmtesten portugiesischen Dichters, das zusätzlich noch mit den Statuen portugiesischer Historiker umstanden ist. In der Umgebung gibt es gute Fadolokale, in den volkstümlich-einfachen Gaststätten verkehren die Studenten der naheliegenden Fakultäten.

Passiert man den bereits bekannten Largo do Chiado und biegt in der Rua Garrett südwärts in die Rua Ivens ein, so erreicht man den Largo da Biblioteca mit der **Biblioteca Nacional,** die eine Sammlung von über 1 Million Bänden beherbergt, darunter viele Inkunabeln, Manuskripte und Erstdrucke.

Unweit davon, in der Rua Serpa Pinto, befindet sich das **Museu de Arte Contemporânea,** das außer der zeitgenössischen Kunst auch einen Querschnitt der portugiesischen Malerei bis zurück zur Romantik gibt. An derselben Straße liegt auch das zweite wichtige Theater Lissabons, das **Teatro Nacional de São Carlos,** das im 18. Jahrhundert in neoklassizistischem Stil erbaut wurde und vor allem der Oper vorbehalten ist.

Noch weiter südlich erreicht man die **Praça da Câmera Municipal** mit dem Rathaus (19. Jahrhundert) und dem schönen Pelourinho (18. Jahrhundert) und kann entlang der Rua do Arsenal die Praça do Comércio erreichen.

II. Die Altstadt (Oststadt)

Diese liegt östlich oberhalb der Baixa bzw. des Rossio und ist von der Burganlage São Jorge beherrscht. Über die Rua da

LISSABON. Das manuelisch-gotische Südportal der Jerónimosklosterkirche in Belém.

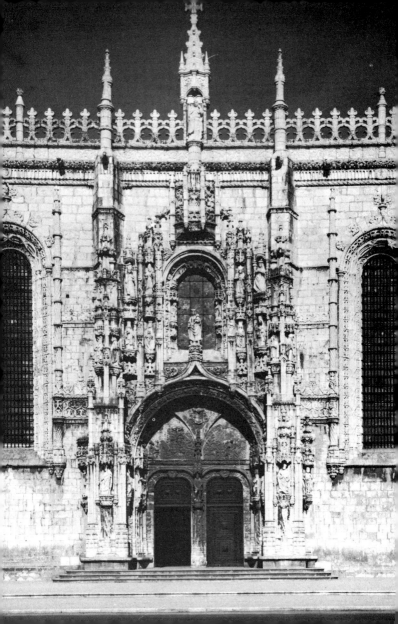

Madalena gelangt man zum Largo da Sé mit dem festungs-
artigen Bau der **Kathedrale,** die 1150 in romanischem Stil erbaut und zuletzt nach dem Erdbeben von 1755 restauriert
worden ist. Bei dieser Gelegenheit wurde auch das Radfenster
in der Portalfront erneuert. Das Innere ist gleichfalls romanisch restauriert, der Chor wurde im 18. Jahrhundert erneuert,
nachdem er 1755 durch die herabstürzende Vierungskuppel
zerstört worden war. Gleich links neben dem Eingang der
Taufstein, über dem der nachmalige Heilige Antonius getauft
worden war. Daneben in einer Seitenkapelle die barocke
Weihnachtskrippe von Machado de Castro (1766), die man sich
beleuchten lassen kann. Beachtlich sind auch die skulpierten
Sarkophage von Dom Lopos Fernandes Pacheco und dessen Gemahlin. Pacheco war der Waffengefährte von König Afonso IV.
In der barocken Sakristei befinden sich interessante sakrale
Kunstschätze.

Der zweistöckige **Kreuzgang** aus dem 14. Jahrhundert mit
gotischen und romanischen Bauteilen wird zeitweise als Lapi-
darium benutzt. Beachtenswert ist noch ein hohes romanisches
Eisengitter aus dem 12./13. Jahrhundert. In einen Pfeiler der
nördlichen Außenwand ist ein Relief aus westgotischer Zeit
eingesetzt.

Dicht bei der Kathedrale steht die kleine **Antoniuskirche,**
die nach dem Erdbeben wieder aufgebaut worden war. Sie
steht nach der Überlieferung an der Stelle des ehemaligen
Geburtshauses dieses Heiligen.

Vorbei an der Kathedrale führt die Rua Augusto Rosa zum
Largo Santa Luzia, wo sich neben der Kirche der schön herge-
richtete und mit Azulejos verkleidete **Miradouro de Santa
Luzia** befindet, der zu den schönsten Aussichtspunkten über
der Altstadt Alfama gehört; ähnlich einige Schritte weiter der
„Largo das Portas do Sol", wo sich einstmals eines der 7 Tore
der Maurenstadt befand. Man erblickt u. a. rechter Hand einen
Teil der ehemaligen maurischen Stadtmauer (Cerca Moura),
die sich hier den Hang abwärtszieht.

Nahebei der ehemalige Palast der Condes de Azurara, in
dem das **Museu de Artes Decorativas** untergebracht ist, ein
kulturhistorisches Heimatmuseum. Dann geht es über den
Largo do Contador Mor steil aufwärts zum **Castelo de São
Jorge,** das den ältesten Teil Lissabons darstellt.

Nach der Vertreibung der Mauren diente es den portugiesischen Königen längere Zeit als Residenz und wurde durch Um- und Anbauten zu einer Wohnburg umgestaltet. Erst nach Fertigstellung des Königspalastes am Tejo (1511) wurde die Residenz dorthin verlegt.

Außer der eigentlichen Festungsanlage mit Mauern und Türmen aus römischer, arabischer und nacharabischer Zeit, sind noch Reste der Burgkapelle und des stark restaurierten Residenztraktes (Paço da Alcáçovar) vorhanden; die Porta Moniz erinnert an den Opfertod eines portugiesischen Ritters dieses Namens, der bei der Erstürmung der Festung das Schließen dieses Tores durch die Mauren mit seinem Leib verhinderte. Von der Südwest-Terrasse sowie von dem Laufgang auf der Mauerkrone hat man eine umfassende Rundsicht. So erblickt man wenig nordostwärts auf dem nächstgelegenen Hügel die **Igreja da Graca,** die auf das 13. Jahrhundert zurückgeht, nach dem großen Erdbeben aber von Grund auf neu aufgebaut wurde. Sie hat eine harmonische Fassade mit einem Mittelturm und einen großzügigen Innenraum. Verschiedene Einzelteile, wie etwa die mittelalterlichen Grabnischen, erinnern an den vorhergegangenen Bau.

Geht man nun die Rua da Voz do Operário hinab, so erreicht man die auf dem östlichen Hügel gelegene Kirche **São Vincente de Fora.** Ursprünglich ein Augustinerkloster, wurde dessen Kirche im 16. Jahrhundert auf Anordnung des neuen spanischen Herrschers Philipp II. von dem italienischen Baumeister Filippo Terzi durch einen Neubau ersetzt. Es handelt sich dabei um einen harmonischen Renaissancebau, der jedoch nach dem Erdbeben, bei welchem die Vierungskuppel herabstürzte, restauriert werden mußte. Der Hauptaltar in dem tiefen rechteckigen Chor stammt von Machado de Castro und ist dem in St. Peter in Rom nachgestaltet. Der berühmte Vinzenzaltar des Nuno Gonçalves befindet sich nun im Nationalmuseum.

Durch den reizvollen „Empfangsraum" erreicht man die beiden Kreuzgänge, die eine umfangreiche Azulejos-Illustration haben. Das ehemalige Refektorium dient als Pantheon der (1910 erloschenen) Dynastie Bragança.

Hinter der Kirche findet dienstags und donnerstags ein Trödelmarkt (Feira da ladra = Diebsmarkt) statt.

Gleich unterhalb erblickt man die neue Kuppel der in der Form einer Rotunde (bzw. eines griechischen Kreuzes) erbauten barocken **Igreja de Santa Engrácia,** die 1680 begonnen wurde, aber jahrhundertelang unvollendet geblieben war, weshalb die Ironie des Volksmundes etwas Unvollendetes bisher mit „Obras de Santa Engrácia" gleichsetzte. Nachdem die Regierung jedoch diese Kirche zu Beginn unserer sechziger Jahre zum **Pantheon der Großen Portugals** bestimmt und die Finanzierung gesichert hatte, konnte der Bau überkuppelt und 1967 fertiggestellt werden. Er birgt nun Epitaphe und Sarkophage der berühmtesten und verdienstvollsten Männer Portugals.

Wenig unterhalb des Pantheon, neben dem Bahnhof Santa Apolónia, befindet sich das **Museu Militar** (auch Museu de Artilhária genannt), das im ehemaligen Arsenal untergebracht ist. Es findet sich hier eine sehr umfangreiche und sehr interessante Waffensammlung aller Epochen und Länder, natürlich unter Berücksichtigung der maurischen und orientalischen Stücke. Besonders zu erwähnen die **Wand- und Deckengemälde,** die von der Spitzengarnitur der portugiesischen Künstlerschaft stammen (Salgado, Columbano, Carlos Reis, Bruno de Val, Condeixa u. a.).

Etwa 1 km flußaufwärts, unterhalb des Stadtteils Xabregas (Buslinien 25 und 28) steht die **Igreja Madre de Deus,** die ehemals zu einem Franziskanerkloster gehörte, das Dona Leonor, die Witwe des Königs João II. (und Schwester des nachfolgenden Königs Manuel) im Jahr 1509 gegründet hatte. Nach dem großen Erdbeben ließ König José die Kirche wieder aufbauen. Die Fassade wurde von der ursprünglichen Kirche übernommen; sie ist daher in manuelischem Stil gehalten und zeigt u. a. die Embleme von Dona Leonor und Dom João, das Fischernetz und den Pelikan, die auch in dem umlaufenden Hauptgesims vorkommen.

Der Innenraum der Kirche hat eine Tonnendecke, in deren Kassetten Gemälde mit Szenen aus dem Marienleben eingelassen sind. Gemälde an den Wänden behandeln das Leben der Heiligen Klara und des Heiligen Franziskus. Interessante barocke Kanzel und barocke Schnitzaltäre. Besonders schön gestaltet ist der **Chor,** in dessen Kassettendecke und an den Wänden in Gemälden des 16. und 17. Jahrhunderts Szenen aus der Heilsgeschichte dargestellt sind. Das berühmte Altarbild des „Meisters der Madre de Deus" (1515) befindet sich nun in der Gemäldegalerie des Nationalmuseums.

Die **Krypta** stammt noch von der Gründungskirche und diente damals als Kapelle. Ihre Wände sind mit seltenen Sevillaner Azulejos des 16. Jahrhunderts bekleidet. Sehr schöner kupferbeschlagener Altar und vergoldetes Reliquiar aus dem 18. Jahrhundert.

Von den beiden **Kreuzgängen** ist besonders der kleine manuelische mit seinen zierlichen Säulen und den Tauwerk-Rippen interessant. Dann gibt es noch ein **Azulejosmuseum,** das eine komplette Sammlung bis zurück ins 14. Jahrhundert enthält.

Noch ein weiteres Stück flußaufwärts ist mitten im heutigen Industriegebiet in einem ehemaligen Bischofspalast das **Museu da Cidade** untergebracht, in dem Gemälde, Stiche und sonstige Denkwürdigkeiten zur Stadtgeschichte verwahrt werden.

Die Alfama (arabisch „Alhama" = das Bad) ist das älteste (und ärmste) Wohnviertel der Stadt, zugleich das interessanteste. Es ist in etwa begrenzt von den Punkten Santo Estêvão, Largo de Santa Luzia, Kathedrale, Campo das Cebolas und der Tejo-Uferstraße. Dieses Viertel, das zum Teil, mindestens jedoch in seinem Grundriß, noch aus der Maurenzeit stammt, hat das große Erdbeben großenteils überstanden, vielleicht weil die Häuser so dicht beisammen stehen, daß sie gar nicht umfallen konnten? Es atmet mit seinen engen und planlos verwinkelten Gassen (becos) und Treppengassen und den vergitterten Fenstern und Balkonen noch ganz den Charakter einer mittelalterlichen Stadt spitzwegscher Prägung. Ihre Bewohner sind Fischer, Seeleute und Werft- und Hafenarbeiter, doch waren früher auch gehobene Stände hier ansässig, wie verschiedene kleine Stadtpaläste und herrschaftliche Portale zeigen. Die Alfama ist ein Gewimmel von kleinen Merk- und Sehenswürdigkeiten, oft armselig und bescheiden, aber immer irgendwie poetisch und rührend.

Zentrum mit dem schönsten Brunnen ist der **Largo do Chafariz de Dentro;** in seiner Umgebung liegen mehrere der Lissabonner Fadolokale. Von diesem Platz geht u. a. die Rua dos Remédios aus, an der die gleichnamige Kirche liegt und wo man hübsche Portale aus der Zeit der Renaissance und der Manuelik finden kann. Am Ende dieser Straße erreicht man über verschiedene Treppen den Vorplatz der Kirche Santo Estêvão (1773), von wo sich ein schönes Panorama eröffnet. Zu erwähnen wäre noch der Turm São Pedro, den man vom Largo de São Rafael (Westrand der Alfama) erblickt und der ein Bestandteil der maurischen Stadtmauer war.

III. Die Oberstadt (Weststadt, Bairro Alto)

Sehenswert ist insbesondere der **Bairro Alto,** ein volkstümliches Stadtviertel, das sich westlich der Praça Camões und des Largo São Roque ausbreitet. Man trifft hier die typischen kleinen Adegas, Studentenkneipen und Fadolokale.

Westlich dieses Bairro erreicht man die Kirche Santa Catarina (sehr schöne Holzschnitzereien, Gemälde von Lusitano, gotisches Gemälde N. Sa. da Atocha) und weiter westlich über die Calçada da Estrela den **Paço Assembléia Nacional** (Parlamentsgebäude), der das ehemalige Kloster São Bento da Saude (16. Jahrhundert) darstellt und 1834 für die Cortes umgebaut wurde. Hier ist auch das Arquivo da Torre do Tombo (Staatsarchiv) untergebracht; Besuchsscheine erhält man in der Kanzlei.

Noch weiter westlich, am Jardim da Estrela, erhebt sich links der Straße die eindrucksvolle barocke **Basílica da Estrela,** die am Ende des 18. Jahrhunderts auf Grund eines Gelübdes von Königin Maria I. in weißem Kalkstein erbaut worden ist. Vorbild war die Klosterkirche von Mafra oder der Petersdom in Rom. Ihre hohe Vierungskuppel ist weithin zu sehen und bildet eines der Merkmale der Stadtsilhouette. Umgekehrt hat man von der Höhe der besteigbaren Kuppel eine sehr schöne Rundsicht. Im Innern die Marmorsarkophage der Gründerin und ihres Beichtvaters Caetano, Erzbischof von Evora, Skulpturen von Machado de Castro.

LISSABON. Das manuelisch-gotische Kirchenschiff des Mosteiro dos Jerónimos in Belém.

Südlich der Basilika liegt unten am Rand des Stadtteils Alcântara und unweit des Tejoufers an der Rua das Janelas Verdes das **Museu de Arte Antiga** (Museum für Alte Kunst), das oft auch „Museu das Janelas Verdes" (Museum der grünen Fenster) genannt wird. Es ist in einem (inzwischen erweiterten) ehemaligen Palast aus dem 17. Jahrhundert untergebracht und stellt das wichtigste und umfassendste portugiesische Kunstmuseum dar und eine Sehenswürdigkeit, die man nicht auslassen sollte.

Das Museum beherbergt folgende Objektsammlungen: Teppiche, Möbel, Porzellane, Keramik, Gläser, Sakralkunst, Goldschmiedekunst, Bildhauerkunst und Malerei.

Der Sektor **Portugiesische Malerei** gibt einen geschlossenen Überblick über deren Entwicklung seit dem 15. Jahrhundert. An überragender Stelle steht das **Vinzenz-Polyptychon** von Nuno Gonçalves (um 1460), das ehemals in der Kirche São Vicente (Oststadt) um ein Standbild dieses Heiligen (Patron von Lissabon und Portugal) gruppiert war. Die Art seiner Konzeption (flächenfüllend und unperspektivisch) entspricht der damals geübten Teppichbildnerei (→ Abschn. A. 8). Weitere bedeutende portugiesische Kunstwerke sind der „Ecce Homo" (anonym), die „Grablegung" von Cristóvão de Figueiredo, und das **Retabel der heiligen Auta** (Martyrium der heiligen Ursula und der 11 000 Jungfrauen in Köln) aus der Kirche Madre de Deus (ebenfalls dem Figueiredo zugeschrieben).

In der Sektion **Ausländische Malerei** dominieren die Holländer bzw. Flamen, die im Mittelalter rege kulturelle Beziehungen (Künstleraustausch) zu Portugal hatten. Hier sind so bekannte Namen wie Jan Breughel, van Laer, Pieter de Hooch, Adriaen Brouwer, Memling, **Hieronymus Bosch** (Versuchung des heiligen Antonius), Adriaen Isenbrandt u. a. vertreten.

Die deutschen Maler erscheinen mit Mengs, Dürer (Heiliger Hieronymus), Lucas Cranach d. Ä. (Salome), Hans Holbein d. Ä. (Jungfrau, Kind und Heilige – ein Geschenk der Königin Christine von Schweden an König João IV.) u. a.

Die Spanier sind u. a. mit José de Ribeira, Zurbaran, Murillo, Luis de Morales vertreten, außerdem gibt es mehrere Franzosen und Italiener sowie einige Engländer.

Bedeutende Werke der **Goldschmiedekunst** sind die **Custódia dos Jerónimos** (Monstranz von Belém), ausgeführt 1506 von dem Dichter-Goldschmied Gil Vicente, ein **Silberservice** aus Paris, gefertigt im 18. Jahrhundert für den portugiesischen Königshof, das Prozessionskreuz von Alcobaça (14. Jahrhundert) und vieles andere mehr.

Besonders eindrucksvoll ist auch die **Capela de Santo Alberto,** die aus dem zugrundegegangenen Carmo-Kloster gerettet und hierherversetzt wurde und nun ganz allein schon ein kleines Kunstmuseum darstellt. Unweit davon steht auch die aus unzähligen Einzelfiguren bestehende barocke **Weihnachtskrippe** (Terrakotta) von Machado de Castro aus dem 18. Jahrhundert.

Unweit westlich des Museums erblickt man das unübersehbare neue Wahrzeichen Lissabons, die imposante **Ponte Salazar** (Salazar-Brücke), eine Ganzstahl-Hängebrücke, die mit ihrer Gesamtlänge von 3,2 km den hier 2280 m breiten Tejo überspannt und nur von zwei im Fluß stehenden Pfeilern getragen ist. Seit dem Militärputsch heißt sie **Ponte de 25 de Avril.**

Mit ihrem freihängenden Mittelstück von 1013 m Länge ist sie die waghalsigste und großartigste Brücke Europas. Die im Fluß stehenden beiden Pfeiler sind 190 m hoch (zum Vergleich: der höchste Kirchturm der Welt, das Ulmer Münster, erreicht „nur" 161 m). Die Fundamente der Pfeiler sind, vom mittleren Wasserspiegel aus gerechnet, bis zu 79 m tief im Untergrund des Tejo versenkt, wo sie auf dem Felsgrund aufliegen. Die Fahrbahn liegt 100 m über dem höchsten Wasserstand, bei 70 m Durchfahrtslimit. Die Brücke wurde als Erfüllung eines über hundertjährigen Traumes im Jahr 1966 nach vierjähriger Bauzeit in Dienst gestellt, nachdem das gegenüberliegende Südufer mit den Industrieorten Barreiro, Almada und Cacilhas und die mit Sockel 110 m hohe Statue Cristo Rei (→ Abschn. C. 5) bisher nur mit Fährbooten erreichbar gewesen war. Unter der Straßenfahrbahn der Brücke soll später eine Eisenbahntrasse aufgehängt werden.

Die Uferstraße Avenida da India passiert die große „Doca da Alcântara", unterfährt die Salazar-Brücke beim Stadtteil Santo Amaro, passiert das Messegelände (internationale Industriemesse, Ausstellungen) und die historische Seilerei (Cordoaria) aus dem 18. Jahrhundert und erreicht den Stadtteil Belém.

IV. Belém und Monsanto

Der Stadtteil Belém liegt etwa 7 km westlich des Stadtzentrums am Tejoufer (Ribeira), in leichter Neigung dem Monsanto-Berg angelehnt.

Ursprünglich gab es hier nur den Flußhafen „Restelo" mit einer kleinen Fischersiedlung, bei der Heinrich der Seefahrer im 15. Jahrhundert eine Kapelle bauen ließ und dem Christusritterorden schenkte, der sie Belém (= Bethlehem) nannte. Von hier aus stach 1497 Vasco da Gama zu seinen großen Entdeckungsreisen (Indien) in See, und hier betrat er zwei Jahre später wieder portugiesischen Boden. Der in der Folge hier angelandete Reichtum machte Belém zum vornehmsten Vorort Lissabons, und in seinem näheren Umkreis entstanden verschiedene hervorragende Bauwerke als Ausdruck dieser glücklichen Epoche.

Aus Richtung Stadtzentrum ankommend, erreicht man zunächst rechter Hand die **Praça Afonso de Albuquerque** mit dem Bronzestandbild dieses bedeutenden Portugiesen.

Albuquerque war von 1509 bis 1515 Vizekönig von Indien. Unter seiner Führung setzten sich die Portugiesen am Persischen Golf, in Goa, Malakka, den Molukken und am Rande Chinas fest. Basreliefs am Sockel des Denkmals erinnern hieran.

An die Nordseite dieses Platzes grenzt der ehemalige königliche Palast von Belém, heute Residenz des Präsidenten der Republik. In der angebauten Reithalle ließ 1905 Königin Maria-Amélia (Gemahlin des Maler-Königs Carlos) ein **Kutschenmuseum** (Museu Nacional dos Coches) einrichten, das die umfangreichste und wertvollste Sammlung dieser Art in der ganzen Welt darstellt. Diese Kutschen aus dem 16. bis 19. Jahrhundert haben meist auch ein „persönliches" Schicksal, das bei den einzelnen Objekten schriftlich fixiert ist, so daß sich interessante geschichtlich-menschliche Zusammenhänge ergeben.

Gleich hinter dem Palast liegt der zweite Botanische Garten Lissabons, der **Jardin Botánico de Ajuda,** der den ehemaligen Schloßpark darstellt und unter der Betreuung der „Agrícola do Ultramar" steht, ebenso wie das diesem angeschlossene **Übersee-Landwirtschaftsmuseum.**

Südlich des Platzes befindet sich die Anlegestelle der Fähre zu den Häfen Brandão und Trafaria am jenseitigen Ufer.

Wenig westlich, entlang der Uferstraße, die nun „Avenida Marginal" (= Uferallee) heißt, erreicht man die sehr große und mit einer Rasenfläche versehene **Praça do Império.** Die in ihrer Mitte befindliche Wasserspielfontäne (Lichtfontäne) ermöglicht 63 verschiedene Kombinationen, was ein „Programm" von ca. 45 Minuten gestattet.

Die ganze Nordseite des Platzes wird vom
Mosteiro dos Jerónimos de Belém
eingenommen, welches das bedeutendste Kunstdenkmal Lissabons und ein manuelisches Paradestück ist.

Es wurde während der Herrschaft von König Manuel um 1500, kurz nach der glücklichen Entdeckungsfahrt des Vasco da Gama, an der Stelle der bisher hier bestandenen Kapelle von dem Architekten Boytaca in gotischem Stil geplant und in Angriff genommen. Er begann das Langhaus und gestaltete das untere Stockwerk des Kreuzgangs. Als er zu den Arbeiten am Mosteiro von Batalha * abgerufen wurde, setzte 1517 der plateresk vorbelastete Spanier João de Castilho die Arbeiten fort. Dieser wurde in der Folge der Hauptvertreter des manuelischen Stils (→ Abschn. A. 10). Unter seiner Leitung wurde insbesondere das Querschiff entworfen, das obere Stockwerk des Kreuzgangs aufgesetzt und das Südportal ausgeführt. Ihm zur Seite stand der französische Bildhauer Nicolo Chanterène, der das Westportal schuf. Nach 1550 wurden während der Herrschaftszeit von König João III. von dem Spanier Diogo de Torralva die Arbeiten fortgeführt und der Bau des Chors begonnen, der 1572 von dem französischen Bildhauer João de Ruão (Jean de Rouen) vollendet wurde.

Nach Beschädigungen durch das Erdbeben wurde im 19. Jahrhundert u. a. das Zeltdach des Turmes durch eine orientalisch nachempfundene Helmkuppel ersetzt.

Die Gesamtanlage besteht aus der Kirche Santa Maria, dem nördlich angrenzenden Kreuzgang, der von Sakristei, Kapitelsaal und Refektorium umgeben ist, sowie dem schmalen Dormitoriumsbau, der sich der ganzen Breite des Platzes entlangzieht.

Die **Kirche Santa Maria** hat an der Südseite (Schauseite) gotisch hohe Fenster und eine reiche Dekoration, ausgenommen die nüchternen geometrischen Formen des Querschiffs und des Chors, die nach 1550 in strengem Renaissancestil gestaltet wurden. Besonders schön sind die manuelischen Portale. Das stark gegliederte und vom Christusritterkreuz bekrönte 32 m hohe **Südportal** ist ein Meisterwerk von Boytaca. Unter den zahlreichen Skulpturen wäre zu erwähnen die von Heinrich dem Seefahrer (nicht porträtgerecht), die sich am mittleren Portalpfeiler über den zwei hieronymitischen Löwen befindet. Das **Westportal** (heute durch einen nachträglichen Verbindungsbau eingeengt) ist ganz auf die damals herrschende königliche Familie ausgerichtet: links König Manuel mit seinem Schutzpatron Hieronymus, rechts seine zweite Gemahlin Maria von Kastilien mit ihrem Schutzpatron Johannes der Täufer, beide aufblickend zur Bethlehem-Trilogie (Verkündigung – Geburt – Anbetung). Von den für die (unbedeutende) Westfassade vorgesehenen zwei Türmen kam nur einer zur Ausführung.

Das 90 m lange, 23 m breite und 25 m hohe **Kircheninnere** zeigt eine dreischiffige Hallenkirche, deren kühngeschwungenes Netzgewölbe von sechs überschlanken reichornamentierten Pfeilersäulen getragen wird, die mit ihren Stützrippen wie sich öffnende indische Lotosblumen in das Geäder des Gewölbes eingreifen. Das Querschiff hat ein freitragendes Tonnengewölbe in den Ausmaßen 19 zu 29 m. Im Chorbogen beiderseits je eine Kanzel mit Skulpturen der Gotik und der Renaissance. Der niedrigere Chor ist mit einer kassettierten Tonnendecke überwölbt und mit Gemälden von Cristóvão Lopes (1516–1600) ausgeschmückt. Hier befinden sich die Sarkophage von König Manuel (gestorben 1521) und seiner zweiten Gemahlin Maria und von seinem Nachfolger João III. (gestorben 1557) und dessen Gemahlin Katharina von Österreich. Insgesamt sind 31 Mitglieder des Königshauses Aviz hier bestattet. Unweit des Eingangs die Sarkophage des Seefahrers Vasco da Gama und seines Biographen, des Nationaldichters Camões, der des letzteren allerdings leer, da Camões nach seinem Pesttod in einem unbekannten Massengrab beerdigt wurde.

Der **Kreuzgang, einer der schönsten, die es gibt,** ist der Nordseite der Kirche angesetzt, wobei die in die dicke Trennwand eingelassenen Beichtstühle wechselweise vom Kircheninnern bzw. vom Kreuzgang aus betreten werden können. Der Kreuzgang bietet mit seinen filigranartigen Skulpturen und der wie Schnitzwerk gearbeiteten Ornamentik ein wirklich märchenhaftes Bild; die Feinheit und Fülle läßt vergessen, daß hier ursprünglich amorpher und spröder Stein verarbeitet ist.

Der von Boytaca erbauten unteren Galerie wurden von seinem Nachfolger Castilho, unter gleichzeitiger Abstumpfung der Ecken, zirka 1 Meter tiefe und durch Korbbögen verbundene Renaissancepfeiler vorgebaut, so daß die von Castilho daraufgesetzte obere Galerie nun balkonartig über die untere vorkragt. Ungeachtet dieses „stückweisen" Aufbaus des Kreuzgangs stellt dieser eine vollendete Einheit dar, zudem auch der obere Stock durch seine weniger üppige Gestaltung leichter wirkt und damit dem gotischen Baugedanken (Verjüngung nach oben) und den Gesetzen der Statik und der Ästhetik voll gerecht wird.

Bei dem Brunnen in der Nordwestecke (der ehedem in der Mitte der Anlage stand) erscheint wieder der Löwe des Hieronymus.

Von der östlichen Langseite des Kreuzgangs (auch vom nördlichen Querschiff aus) erreicht man die quadratisch geformte **Sakristei,** deren mächtiges Sterngewölbe von einem einzigen Mittelpfeiler getragen wird, der wiederum lotosblütenartig nach oben aufgefächert ist.

Gegenüber dem Westportal beginnt das langgestreckte Dormitorium, das jedoch entgegen dem ersten Anschein erst in der zweiten Hälfte des letzten Jahrhunderts in nachgemachtem manuelischem Stil erstellt worden ist. In seinem unteren Stockwerk ist das **Museu Etnológico** untergebracht, das Abteilungen der Archäologie, Anthropologie und Völkerkunde umfaßt. Unter den zahllosen sehr gut und logisch (entwicklungsgemäß) geordneten Objekten, sei besonders auf die steinzeitlichen Werkzeuge, auf iberische Statuetten, römische Geräte, Mosaike, Statuen und Meilensteine, und auf römische, westgotische und arabische Grabdenkmäler hingewiesen. Angeschlossen sind noch Sammlungen von Trachten, Goldschmiedearbeiten und Numismatik.

Im selben Gebäude ist auch das **Museu de Marinha** untergebracht. Es befinden sich hier Schiffsmodelle aller Zeiten, Geschütze, Seekarten, nautische Instrumente, sowie kleinere Schiffe im Original, darunter ehemalige königliche Galeeren.

Südlich gegenüber der Praça do Império befindet sich die „Doca de Belém", die als Jachthafen dient. Dicht dabei der eindrucksvolle **Padrão dos Descobrimentos,** das „Denkmal der Entdeckungen", das in der Form eines zum Tejo gerichteten steilen Karavellenbugs gestaltet ist, und 1960 anläßlich des 500jährigen Todestags Heinrichs des Seefahrers eingeweiht wurde.

Der Infant Heinrich steht an der Spitze des Bugs, beiderseits gefolgt von den Persönlichkeiten und Akteuren der portugiesischen Entdeckungs- und Expansionspolitik, Seeleuten, Kolonisten, Kartographen, Chronisten, Glaubensträgern usw. Auf der rechten Seite König Manuel mit der Armillarkugel, Camões der Dichter und Gonçalves der Maler; links wird u. a. ein „Padrão" (Wappen- bzw.

Hoheitssäule) bereitgehalten, um an der für die portugiesische Krone in Besitz zu nehmenden neuentdeckten Küste aufgestellt zu werden. An der Landseite der Mauerfläche ein riesiges Schwert mit dem Aviz-Kreuz im Knauf – Symbol der vereinigten weltlichen und geistlichen Macht.

Das von dem Bildhauer Leopoldo de Almeida geschaffene Denkmal hat eine Höhe von 52 m, die skulptierten Figuren sind ca. 9 m groß.

Vor dem Denkmal, auf dem „Terreiro de Boa Esperança", ist in Marmormosaik eine mächtige Windrose mit Weltkarte ausgelegt.

Unweit westlich davon steht in Ufernähe das **Museu de ArtePopular** (Volkskunstmuseum), das eine übersichtliche Zusammenschau von Folklore, Sitte, Brauchtum und Volkskunst der einzelnen portugiesischen Provinzen ermöglicht. Man sollte dieses Museum nicht auslassen, da man „Portugal wie es arbeitet, betet, tanzt und lacht" nirgendwo so komprimiert vor die Augen bekommt wie gerade hier.

Noch weiter westlich erhebt sich seit 1521 als ein Wahrzeichen Lissabons die berühmte **Tôrre de Belém** (Tôrre São Vicente), die ein Bollwerk zum Schutz der Tejo- bzw. Hafeneinfahrt darstellte. Sie stand ehemals inmitten der Fluten des Flusses, inzwischen hat jedoch dieser (und der Mensch) das Ufer südwärts verschoben, so daß der Turm nun am Strand steht.

Der Bau besteht aus einem niederen in den Fluß vorspringenden Kasemattenteil mit abdeckender Plattform, und der quadratisch angelegten Turmfestung. Es bildet ein äußerst originelles Beispiel des manuelischen Stils, wobei zu Stilelementen der Gotik und Renaissance auch marokkanische Einflüsse kamen, was nicht zu verwundern ist, nachdem der ausführende Architekt Francisco de Arruda zuvor etliche Zeit in Marokko tätig gewesen war.

Die Kasemattenplattform trägt an ihren 6 Ecken kleine runde Wachttürmchen mit marokkanisch gerippten Kuppeln, dazwischen die Zinnen in Gestalt von Schilden mit dem Christusritterkreuz. Im darunterliegenden Kasemattenraum befanden sich ehemals die Geschütze, die die Wasseroberfläche bestreichen sollten. Auch am **Turm**, der aus vier Stockwerken und einem Untergeschoß (Verlies?) besteht, wiederholen sich die Ecktürmchen und die Zinnenschilde. Vor dem Königssaal im zweiten Stockwerk befindet sich flußwärts eine breite fein-ziselierte Loggia im Renaissancestil, und an den drei anderen Seiten entsprechende schmale überdachte Balkone, wieder mit dem Christusritterkreuz in den Brüstungen. Darüber gotisch-maurische Zwillingsfenster. Die Dachterrasse ist abweichend mit zugespitzten Zinnen versehen, die wieder an maurische Festungsbauweise erinnern. Von hier sehr schöne Aussicht, aber (Vorsicht!) zu niedrige Brüstung.

Nicht zu vergessen Na. Sa. do Restelo, die auf der Kase-mattenterrasse in einer manuelisch ornamentierten Nische steht, und aus der Zeit der Erbauung des Turmes (beginnende Renaissance) stammen dürfte.

Nördlich oberhalb von Belém erstreckt sich der **Parque Florestal de Monsanto**, ein an die 15 Quadratkilometer großer Waldpark im Westen Lissabons, der von Fahr-, Wander- und Reitwegen, sowie von der Autobahn durchzogen ist. Sein höch-ster Punkt liegt in 226 m, wo sich ein 1863 erbautes Fort und die Radiostation befinden. Dort, am Ostrand des Parks, er-blickt man das **Äquadukt Aguas Livres**, das 1738 zur Versor-gung Lissabons erbaut wurde. Es endet unweit des Largo do Rato (Nähe Praça Pombal) in dem Wasserreservoir „Mãe de Agua" (Wassermutter).

In dem Waldpark sind viele Spiel- und Sportplätze ver-streut, darunter das „Estadio Nacional", das mit 60 000 Plät-zen das größte Portugals ist. Außerdem gibt es dort u. a. Cam-pingplatz, Freilichtbühne und Kinderpark, sowie zahlreiche Aussichtspunkte, inbesondere den **Miradouro de Montes Claros** (216 m, Restaurant).

Den Monsanto-Park erreicht man: Von Belém aus über die Ave-nida do Restelo oder die Calçada do Galvão oder die Calçada da Ajuda; von Lissabon aus über Avenida da Liberdade – Praça Marquês de Pom-bal – Autobahn Richtung Estoril.

Umgebung:

1. Ca. 15 km nordwestlich von Lissabon liegt die Industrie-stadt **Queluz** (20 000 Einwohner), die vor allem wegen dem außerhalb der Stadt gelegenen **Rokokoschloß Queluz** bekannt

ist. Dieses wurde unter Königin Maria I. als Sommerresidenz von einem französischen Baumeister in der zweiten Hälfte des 18. Jahrhunderts erbaut, als verkleinerte Nachahmung des Schlosses von Versailles. Besonders sehenswert sind die Dekkenmalereien, der **Thronsaal** und die Möblierung. Die Schauseite des Schlosses mit der **Löwentreppe** ist der schönen italienischen Gartenanlage zugewandt, die mit Statuen, Springbrunnen usw. besetzt ist.

In der ehemaligen Palastküche ist das stilvolle Restaurant „Cozinha Velha" eingerichtet.

2. 10 km nördlich von Lissabon liegt das Dorf **Odivelas,** das in Anlehnung an das von König Dinis (Gemahl der Hl. Isabel) 1305 gegründete Zisterzienserinnenkloster entstanden ist. Das Kloster wurde nach dem großen Erdbeben ganz neu aufgebaut (heute Schülerpensionat), während **Teile der Kirche** noch aus der gotischen Gründerzeit stammen. Dom Dinis (gest. 1325) ist hier bestattet, doch wurde sein Sarkophag bei dem Erdbeben beschädigt. Auch seine kleine Tochter Maria ist hier beigesetzt. Ihr **Sarkophag** illustriert die Umstände ihres Todes: sie wurde in kindlichem Alter von einem Triebverbrecher oder Irren mit einem Dolch schwer verletzt, und starb bald darauf (etwa 1320) im Kloster von Odivelas.

Am Dorfeingang ein kleines Denkmal, das an die Gründung des Mosteiro durch Dom Dinis „o lavrador" erinnert.

3. Die **Costa do Sol** (Sonnenküste). An der klimatisch begünstigten Küste westlich von Lissabon liegt eine Anzahl mehr oder weniger bekannter Badeorte. Anschließend an Belém erreicht man entlang der „Avenida Marginal" zunächst **Algès** mit gutbesuchtem Strand entlang des Flußufers. In **Dafundo** befindet sich das **Aquário Vasco da Gama** mit zahllosen Fischarten und der ozeanographischen Sammlung des vorletzten Königs Carlos. Caxias, Paço d'Arcos, Nova Oeiras und Santo Amaro sind Strandplätze, die zu dem Städtchen **Oeiras** (6000 Einwohner, 300 Gastbetten, Barockkirche, Pombalpalast) gehören, das 2 km landeinwärts liegt. Wenig westlich davon das nach S vorspringende **Kap São Julião da Barra** (46 m hoher Leuchtturm und Fort aus dem 17. Jahrhundert). Die hier gegebene Verengung (gegenüber liegt die Insel Bugio mit Leuchtturm und die Nordwestspitze der Halbinsel Caparica) gilt geographisch als Mündung des Rio Tejo in den Ozean; und hier beginnt auch die offizielle Costa do Sol.

Erster Badeort derselben ist **Carcavelos** mit schönem Strand und 500 Gastbetten. Dann die Strände Parede, Praia da Vigia, São Pedro und São João, sowie die weltbekannten Bade- und Vergnügungsorte **Estoril** * (Spielkasino) und **Cascais** * (➔ daselbst) mit wechselweise Steilküsten und Sandstränden bis zur **Praia do Guincho**, die als das westliche Ende der Sonnenküste gilt.

4. **Outra Banda**, so heißt die südliche Uferlandschaft des Tejo gegenüber von Lissabon. Die Verbindung dorthin wird durch Fähren, und seit 1966 durch die imposante Ponte Salazar vermittelt

Auskunft und Unterkunftsnachweis (12 500 Gastbetten): Direcção Geral do Turismo, Palácio Foz, Praça dos Restauradores.

Verkehr:
Der **Eisenbahnverkehr** wickelt sich über folgende Bahnhöfe ab: Gare Principal (Rossio) in Richtung Sintra – Leiria – Figueira da Foz. Gare Internacional (Santa Apolónia) in Richtung Porto, Beira und Spanien. Gare do Sul e Sueste (Praça do Comércio) in Richtung Süden. Gare Estoril-Cascais (Cais do Sodré) in Richtung Cascais. Auskunft im Rossio-Bahnhof.
Überlandbusverkehr nach allen Richtungen.
Flugplatz am Nordrand der Stadt, zu erreichen über die Avenida Almirante Reis usw. (Bus 8, 22, 44, 45).
Innerstädtischer Verkehr:
U-Bahn (Kennzeichen: „M" = Métro): Hauptstation ist der Rossio. Von hier führt eine Linie nordostwärts über die Stationen Socorro und Intendente zur Endstation Anjos (Avenida Almirante Reis), die zweite Linie führt unter der Avenida da Liberdade entlang zur Rotunda (Praça) Pombal. Dort teilt sie sich: Die nordwestliche Linie führt über Parque, São Sebastião und Palhava zur Endstation Sete Rios (Zoo), die Nordlinie führt über Picoas, Saldanha und Campo pequeno zur Endstation Entre Campos. Einheitstarif!
Straßenbahnen (Carros eléctricos) und **Autobusse** (Autocarros): Die Stadt ist mit einem dichten Liniennetz überzogen (ca. 100 Verkehrslinien). Die Fahrpreise werden nach „zonas" berechnet; sie sind sehr gering, am geringsten bei der Straßenbahn.
Taxis sind gleichfalls sehr preiswert. Man wartet am Straßenrand, bis eines vorbeikommt und gibt ein Handzeichen.

Aussichtspunkte (die in Klammern gesetzten Zahlen sind die Nummern der betr. Autobusse):
Alameda Dom Afonso Henriques (3, 4, 7, 8, 10, 17, 19, 20, 22, 35, 40, 53, 54, 55)
Ascensor do Carmo, Largo do Carmo
Castelo de São Jorge (37)
Miradouro Montes Claros, Parque Florestal de Monsanto (23, 29)
Cimo do Parque Eduardo VII. (Métro: Parque)
Penha de França, Largo da Penha de França (11, 11 A, 17, 35)
São Pedro de Alcántara (Aufzug an der Praça dos Restauradores)
Miradouro Santa Catarina

Miradouro Santa Luzia, Largo das Portas do Sol (37)
Miradouro Senhora do Monte, Largo do Monte
Zimbório (Kuppel) der Basílica da Estrela (9, 20, 22, 38, 55)
    Bars:
Bar Aeroporto, Flughafen
Cachorrinho, Avenida Alvares Cabral 24 A
Carioca, Rua da Trindade 32
Don Quixote, Rua da Trindade 9
Lorde, Rua Vitor Cordon 14 A
Seijo, Parque de Campismo, Monsanto
Snack-Bar Monumental das Galerias Ritz, Rua Castilho 77 C
Tamila Clube, Avenida Duque de Loulé 69 B
    Botschaften und Konsulate:
Deutschland: Campo Mártires da Pátria 38 (11, 11 A, 23, 33, 48)
Österreich: Rua das Amoreiras 70 (6, 9, 9 A, 20, 22, 27, 38, 49, 55)
Schweiz: Travessa do Patrocínio 1 (13)
    Camping:
Parque Florestal de Monsanto (11, 23, 29)
    Fado-Lokale:
Adega Machado, Rua do Norte 91 (Bairro Alto)
Adega Mesquita, Rua Diário Notícias 107 (Bairro Alto)
A Severa, Rua das Gáveas 57 (Bairro Alto)
A Tipóia, Rua do Norte 102 (Bairro Alto)
A Toca (Caverna), Travessa dos Fiéis de Deus 34 (Bairro Alto)
Lar Português, Rua da Barroca 129 B (Bairro Alto)
Lisboa à Noite, Rua das Gáveas 69 (Bairro Alto)
O Faia, Rua da Barroca 48 (Bairro Alto)
Fragata Real, Travessa São Miguel 22 (Alfama)
Taverna do Embuçado, Beco dos Curtumes 10 (Alfama)
Luso, Travessa da Queimada 10 (Bairro Alto)
Márcia Condessa, Praça da Alegria 38
Viela, Rua das Taipas 14
    Feste und Messen:
Feira da Ladra (Flohmarkt – Gebrauchtwaren), dienstags und samstags
    auf dem Campo Santa Clara (bei der Kirche São Vicente)
Feira de Artesanato e Antiguidades, dienstags und samstags auf dem
    Largo São Rafael (Alfama)
Internationale Handelsmesse im Juni
Festa de Santo António am 13. Juni, mit Prozessionen im Bereich der
    Kathedrale und Sonderveranstaltungen in verschiedenen Stadt-
    teilen
    Kirchen:
Deutsche evangelische Kirche, Avenida Columbano Bordalo Pinheiro 48
    (11, 15, 26, 31)
Deutsche katholische Kirche, Rua do Patrocínio 8 (13)
    Kunstausstellungen:
Secretariado Nacional de Informação e Turismo, Palácio Foz
Sociedade Nacional de Belas Artes, Rua Barata Salgueiro
Galeria Nacional de Arte, Praça Marquês de Pombal 1
    Mietwagen:
Wegen günstiger Adressen wende man sich am besten an den Auto-
    móvel Club de Portugal, → Abschn. D. 2

Museen:

M. Agrícola do Ultramar, Belém, Calçada do Galvão (27, 29)

M. Arqueológico, Largo do Carmo

M. Calouste Gulbenkian, Avenida de Berna (Praça de Espanha) (11, 26, 31, 41, 46, 56)

M. Nacional de Arte Antiga, Rua de Janelas Verdes (27, 40, 49)

M. Nacional de Arte Contemporânea (zeitgenössische Kunst), R. Serpa Pinta

M. Arte Popular (Volkskunst), Belém (12, 14, 27, 28, 29, 43, 49, 51)

M. Arte Sacra (Igreja de São Roque), Largo Trinidade Coelho

M. Artes Decorativas, Largo das Portas do Sol (37)

M. da Cidade, Rua do Açúcar (25, 28, 39)

Convento do Carmo (Ruinen), Largo do Carmo

M. Nacional dos Coches, Belém (12, 14, 27, 28, 29, 43, 51)

M. Etnológico, Belém

M. Etnográfico do Ultramar, Rua Portas de Santo Antão

M. Filatelia (Briefmarken) Rua de Dona Estefânia 173 (20, 22, 33, 40)

M. Marinha (Marinemuseum), Belém

M. Militar, Largo do Museu Artilharia (9, 9 A, 12, 17, 24, 25, 28, 34, 35, 39)

M. Numismático (Münzenmuseum), Casa da Moneda, Av. António J. de Almeida

M. Oceanográfico (Aquário Vasco da Gama), in DAFUNDO, Estr. Marginal

M. Tauromágico (Stierkampfmuseum), Praça de Touros do Campo Pequeno

Gemäldegalerie Rafael Bordallo Pinheiro, Campo Grande 382

Domschatz, Kathedrale

M. Geológico, Rua da Academia das Ciências

Nachtlokale (Tanzlokale):

A Lareira, Praça das Aguas Livres 8

Carrousel, Rua Castilho 77 E

A Cave, Av. António Augusto de Aguiar 88 C

Clube 107, Rua da Madalena 107

Caco, Rua Camilo Castelo Branco 23 A

Fontoria, Praça da Alegria 66

Hippopótamo, Av. António Augusto Aguiar 3 A

Príncipe Negro, Calçada da Glória 2

O Carucho, Azinhaga da Cidade (Bairro Lumiar)

O Porao da Nau, Rua Pinheiro Chagas 1

Ritz Clube, Rua da Glória 57

Sanzala, Campo Grande

Tágide, Largo da Biblioteca 20

Quinta de São Vicente, Telheiras de Cima 144

Choupana, ESTORIL

Ronda, ESTORIL

Canoa, CASCAIS

Luiziana, CASCAIS

Muxito, Quinta Vale de Gatos, Amora

Parkanlagen:

Jardim Botânico, Rua da Escola Politécnica (39)

Jardim do Campo Grande (1, 7, 21, 31, 32, 38, 44, 45, 48, 50)

Tapada da Ajuda, Calçada da Ajuda (14, 29, 32)

Parque Eduardo VII.
Estufa Fria, Parque Eduardo VII.
Parque Florestal de Monsanto (11, 23, 29)
Jardim Zoológico, Estrada de Benfica (Métro)
Jardim de Queluz, QUELUZ
Planetarium:
Calouste-Gulbenkian-Planetarium, BELÉM, neben Marinemuseum
Postämter:
Estação de Correio Central, Praça do Comércio
Estação de Correio Restauradores, Praça dos Restauradores
(Tag- und Nachtdienst)
Sonderbriefmarken für Sammler: Rua São José, neben Calçada
do Lavra
Auch in den übrigen Stadtteilen gibt es Postämter
Theater und Oper, Musicals und Revuen:
A B C, Parque Mayer
São Carlos, Largo de São Carlos
Capitólio, Parque Mayer
Império, Alameda Dom Afonso Henriques (3, 4, 7, 8, 10, 17, 19)
Laura Alves, Rua da Palma 253
Maria Matos, Avenida Frei Miguel Contreiras
Maria Vitória, Parque Mayer
Monumental, Praça Duque Saldanha (1, 21, 27, 32, 36, 38, 44, 45, 47, 48)
Trindade, Rua Nova da Trindade 9
Variedades, Parque Mayer
Vasco Santana, Avenida da República (1, 21, 27, 32, 36, 38, 44, 45, 47)
Villaret, Av. Fontes Pereira de Melo 30 A (1, 21, 27, 32, 36, 38, 44, 45, 47)
Zirkus:
Coliseu dos Recreios, Rua Portas de Santo Antão
Sport:
Reitturniere und Pferderennen (Hipódromo)
Stierkampf (Praça de Toiros do Campo Pequeno und Praça de Toiros
in ALGES)
Bootsfahrten nach Cascais usw.
Schwimmbäder:
Piscina dos Olivais (10, 21)
Piscina de ALGES und DAFUNSO (12, 23, 29, 50)
Piscina im Parque de Campismo Monsanto (11, 23, 29)
Piscina de Campo Grande (1, 7, 21, 31, 32, 38, 44, 45, 48, 50)
Piscina Ateneu Comercial, Rua Portas de Santo Antão
Piscina Alvalade, Avenida de Roma (5, 7, 20, 27, 33, 35, 48)

6.

BEJA

(23 000 Einwohner) liegt in der Provinz Alentejo und ist die
Hauptstadt des Distrikts Baixo-Alentejo. Ihre Ehrennamen,
„Königin der Ebene" und „Kornspeicher Portugals", kenn-

zeichnen ihre inselhafte Lage auf einem Hügel in der weiten Ebene des Campo de Beja sowie ihre Bedeutung als Landwirtschaftszentrum, das vom Handel mit dem Getreide, den Ölfrüchten und den tierischen Erzeugnissen seiner Umgebung lebt. Das Handwerk stellt Wolldecken, Arbeiten in Kork und Holz und Terrakottawaren her. Der neugeschaffene deutschportugiesische (Nato-)Flugplatz brachte eine merkbare Belebung aller Wirtschaftszweige der Stadt.

Geschichte: Aus einer keltischen Ansiedlung schuf Julius Cäsar im 1. Jahrhundert v. Chr. die Colonia Pax Julia als Stützpunkt seiner Feldzüge und zur Befriedung der Umgebung. Später wurde sie die Hauptstadt des römischen Conventus Pacensis, der den größten Teil Südportugals umfaßte. Um 430 wurde die Stadt von den Sueben eingenommen. Diese mußten sich jedoch 572 dem westgotischen Reich eingliedern, wobei der römische Namensteil Pax in „Paca" umgewandelt und die Stadt Bischofsitz wurde (und bis heute geblieben ist).

Seit 715 stand die nun „baxu" genannte Stadt unter der Herrschaft der Mauren und erlebte eine Blütezeit. Nach inneren Streitigkeiten der Muselmanen und wechselvollen Kämpfen mit den Portugiesen konnte König Sancho I. die völlig zerstörte Stadt endgültig zurückerobern.

Aus der vielgestaltigen Vergangenheit der Stadt sind nur noch wenige Zeugnisse vorhanden, so aus der Römerzeit die **Porta de Evora.** Auch das **Castelo** ist eine römische Gründung, doch wurde es nach der Rückeroberung 1272 unter König Afonso III. neu aufgebaut. Aus dieser Zeit stammt auch der schöne Hauptturm, der im ersten Stockwerk ein maurisches Gewölbe aufweist und von dessen Zinnen man einen schönen Blick über die Stadt und die weite Ebene hat. Auf die Westgoten geht die kleine **Capela de Santo Amaro** zurück (interessante römisch-byzantinische Säulenkapitelle). Im Castelo ist ein Militärmuseum eingerichtet.

Der gotische **Convento da Conceição,** der in der Mitte des 15. Jahrhunderts gegründet wurde, weist, seiner Zeit etwas voraus, bereits Elemente des manuelischen Stils auf. Hier ist das **Museu Regional** (Kunst und Altertümer) untergebracht, in dem wegen ihrer Seltenheit besonders die westgotischen Relikte interessieren. Unter den Gemälden ein Ecce Homo des 15. Jahrhunderts und Werke des spanischen Malers Ribera (17. Jahrhundert).

In diesem Kloster, das den Töchtern des Adels vorbehalten war, lebte im 17./18. Jahrhundert die „Portugiesische Nonne" Mariana Alcoforado, die um 1669 dem Marquis de Chamilly die berühmten leiden-

schaftlichen und entsagungsvollen fünf „Portugiesische Liebesbriefe"
schrieb, die u. a. auch R. M. Rilke übersetzt hat (diese Urheberschaft
wird allerdings mancherorts bezweifelt).

An der Stirnseite der Praça da República (mit Pelourinho)
fallen die drei Rundbogen der **Igreja da Misericórdia** auf. Dieses Renaissancebauwerk war 1505 als gedeckter Mercado geplant, wurde dann aber durch Anbau einer Kapelle zur Kirche.

Am Stadtausgang in Richtung Lissabon steht rechter Hand
die **Ermida de Santo André,** im 12./13. Jahrhundert in roma-
nisch-gotischem Mischstil erbaut, umgeben von 12 schlanken
Rundtürmen, die die Funktion von Strebepfeilern haben, ähnlich wie bei São Brás in Evora.

Auskunft, Stadtplan und Unterkunftsnachweis (200 Betten): Câmara
Municipal, an der Praça da República.
Verkehr: Bahnstation an der Südstrecke, Busverbindungen mit
Setúbal, Santiago do Cacém, Sines, Aljustrel, Serpa, Moura, Evora.
Veranstaltungen, Unterhaltung und Sport: Augustmesse vom 7.–17.
(São Lourenço und Santa Maria) und Maimesse vom 1.–5., Bibliothek,
Museen, Jagd, Freibad, Camping.

7.

EVORA

(36 000 Einwohner) ist die Hauptstadt der Provinz Alentejo
und des Distrikts Alto-Alentejo sowie Sitz eines Erzbischofs.
Sie erhebt sich auf einer kleinen Anhöhe (230 m) über der weiten Ebene des mittleren Alentejo und ist Zentrum des umgebenden Landwirtschaftsgebiets. Auch die Industrie (Leder,
Wollteppiche, Korkverarbeitung, rustikale Möbel) ist weitgehend auf die Verwertung der landwirtschaftlichen Erzeugnisse
ausgerichtet. Neuerdings hat sich auch ein deutsches Groß-
unternehmen der Elektroindustrie etabliert.

Die von Olivenhainen und Weingärten und ihren mittelalterlichen Mauern umgebene Stadt kann als eine der schönsten Portugals bezeichnet werden; sie ist mit ihren Sehenswürdigkeiten und Kunstschätzen ein beliebtes Touristenziel.

Geschichte: Bereits zur Römerzeit gab es die Stadt „Ebora", die
später von Julius Cäsar zum Municipium erhoben wurde und den
Namen Liberalitas Julia erhielt. Unter westgotischer Herrschaft wurde

sie Bischofssitz. Seit 715 herrschten hier die Mauren und machten aus der Stadt ein Landwirtschafts- und Handelszentrum sowie eine bedeutende Festung, die erst im Jahr 1165 von dem Landedelmann Geraldo Sem Pavor (Geraldo Ohnefurcht) mit List im Handstreich genommen werden konnte (im Stadtwappen von Evora ist er zusammen mit den abgeschlagenen Köpfen des Sultans und seiner Tochter verewigt). Bis ins 16. Jahrhundert war Evora oftmals die Residenz der portugiesischen Könige und entwickelte sich zu Portugals zweitgrößter Stadt. Unter der Herrschaft der Könige Manuel I. und João III. (16. Jahrhundert) wurde sie zu einem der bedeutendsten Kulturzentren Portugals, und Dichter, Wissenschaftler und Künstler bevölkerten den königlichen Hof. Der Baustil war in Evora noch lange Zeit maurisch beeinflußt (Mudéjarstil), da das Maurische als vornehm galt.

Erster Erzbischof wurde 1540 Henrique aus der Dynastie Aviz (späterer Kardinal-König), der 1551 ein Jesuitenkollegium gründete, das bald danach zur Universität erweitert wurde (1759 aufgelöst). Schwere Schäden erlitt die Stadt bei der Invasion der napoleonischen Truppen, sowie während der Militärrebellion von 1831 bis 1834, während welcher Evora auf der Seite der Aufständischen (und Verlierer) stand.

Sehenswürdigkeiten (Stadtplan im Touristenbüro erhältlich): Die Stadt ist noch fast vollständig von ihrem äußeren **Mauerring** umgeben, an dem, an der Stelle des ehemaligen Stadtgrabens, eine Ringstraße (Estrada Circunvalação) entlangführt. Innerhalb dieses Ringes zieht sich um die oberste Kuppe des Stadthügels mit der Kathedrale als Zentrum ein zweiter engerer Straßenring (Praça do Geraldo – Rua João de Deus – Rua do Menino Jesus – Rua do Conde da Serra da Tourega – Rua da Misericórdia), der den Bereich der ehemaligen Stadtburg bzw. des römischen Forums umschließt.

Ein Rundgang beginnt zweckmäßigerweise an der arkadenbesäumten **Praça do Geraldo** (Giraldo), auf der früher die Ketzerverbrennungen der Inquisition stattfanden. Heute zeigt er sich freundlicher und bildet den Mittelpunkt des geschäftlichen Lebens der Stadt (Parkplatz). Seine nördliche Schmalseite wird begrenzt von der Renaissancekirche Santo Antão, die 1553/68 von dem Kardinal-König Henrique erbaut wurde. Daneben die Camara Municipal und das Touristenbüro. Auf dem Platz selbst ein schöner Marmorbrunnen (Heinrichsbrunnen, von 1570) mit 8 Röhren, entsprechend den 8 Straßen, die von dem Platz ausgehen.

Über die Rua de 5 de Outubro erreicht man ostwärts den Bereich der Kathedrale und dort den im Interesse der Touristen an erster Stelle stehenden **römischen Tempel**, der im 2.

oder 3. Jahrhundert errichtet wurde und ehedem vermutlich der Diana geweiht war. Vorhanden sind insbesondere 14 korinthische Säulen aus Granit, deren Basen und Kapitelle aus dem Marmor von Estremoz gefertigt sind. Daß die Ruine bis auf unsere Tage überkommen ist, kann man dem Umstand verdanken, daß sie während des ganzen Mittelalters zu einer Festung ausgebaut war (zwischen den Säulen waren Mauern hochgezogen), und erst vor 100 Jahren wurde die Tempelruine wieder freigelegt.

Ungeachtet des römischen Tempels bildet die **Kathedrale** das bedeutendste Baudenkmal von Evora. Sie ist ein frühgotischer Bau mit deutlichen Merkmalen der vorausgegangenen Romanik, erbaut von 1186 bis etwa 1290. An die Romanik erinnert auch die solide und stabile Bauweise (Granit), die die Kathedrale 8 Jahrhunderte fast unbeschädigt überdauern ließ. So macht auch die zweitürmige Westfassade einen romanisch gedrungenen Eindruck. Die unterschiedlichen Aufbauten der (unterschiedlichen) Türme stammen aus dem 16. Jahrhundert. Ein mächtiger achteckiger romanischer Kuppelturm, der von kleinen Türmchen umstanden ist, überdeckt die Vierung und bildet einen markanten Akzent der Stadtsilhouette.

In der **Eingangshalle** sind die aus dem Leben gegriffenen Apostelfiguren (14. Jahrhundert) von Interesse. Der dreischiffige **Innenraum** mit hohen Tonnengewölben erhält seinen Schmuck vom Material her (rotbrauner Granit) und von dessen handwerksgerechter Verarbeitung und Darstellung. Das Querschiff wird durch zwei gotische Radfenster beleuchtet, südlich die „Mystische Rose" und nördlich der Morgenstern als Thema. Am nördlichen Querhausarm befindet sich auch die im Stil der Frührenaissance gehaltene Capela dos Vasconcellos. Der **Chor** wurde im 18. Jahrhundert von J. F. Ludwig (Erbauer des Klosters zu Mafra) neoklassizistisch umgebaut und verlängert und bildet mit seiner marmornen Pracht nun einen deutlichen Gegensatz zur ernsten Gotik des Langschiffs.

In einer Barockkapelle zur Linken eine vielfarbige Skulptur „Madonna in Hoffnung" aus dem 15. Jahrhundert, gegen-

---

EVORA. Die seltsame Ermida de São Bras in gotisch-mudejarem Baustil.

über ein heiliger Gabriel, dem Oliver von Gent (16. Jahrhundert) zugeschrieben. Sehenswert auch das Renaissancegestühl im Hochchor mit teilweise burlesken Darstellungen.

Im südlichen Querschiffarm führt eine mudejare Tür (14. Jahrhundert) in die Sakristei mit dem **Kirchenschatz** (Tesoiro). Von den dort verwahrten einmaligen Kunstgegenständen sei auf folgende besonders hingewiesen: Aus Elfenbein geschnitzte gotische Madonna, französische Arbeit des 13. Jahrhunderts (Kopf im 16. Jahrhundert ausgewechselt), sie läßt sich zum Triptychon öffnen; Reliquienkreuz (17. Jahrhundert) in Emaille und vergoldetem Silber, mit Hunderten von Edelsteinen besetzt; Kelch in Gold und Emaille von 1587; manuelische Kustode (Bischofstab) in vergoldetem Silber. Vom südlichen Querschiffarm aus erreicht man auch den südlich angebauten gotischen **Kreuzgang** (14. Jahrhundert) mit Evangelistenfiguren in den Ecken und dem Grab des Gründers, Bischof Pedro, in einer Seitenkapelle. Das flache Dach der Kathedrale kann bestiegen werden und bietet einen schönen Ausblick auf die Stadt und ihre Umgebung sowie auf den massigen Vierungsturm.

Im barocken alten erzbischöflichen Palast (16./17. Jahrhundert), der nördlich an die Kathedrale angebaut ist, ist das **Museu Regional** untergebracht. Es birgt im Untergeschoß Lapidarien und Skulpturen und im 1. Stock eine Gemälde- und Tafelsammlung, darunter das „Triptychon von Limoges", eine Emaillearbeit des 16. Jahrhunderts.

Gegenüber dem römischen Tempel befindet sich der **Convento dos Lóios** mit Kirche **João Evangelista** und etwas abgesetzt der der alten Stadtmauer aufsitzende und mit 2 festen Türmen versehene **Paço Cadaval.** Diese Gebäudegruppe ist in der manuelischen Zeit entstanden, wurde jedoch später baulich verändert. Heute ist hier die Bibliothek (u. a. mehrere Hundert Inkunabeln und sonstige seltene Werke) und die Pousada Lóios untergebracht. In der Klosterkirche Azulejosgemälde von Bernardes (1711) und bronzene Grabplatten flämischer Herkunft (15. Jahrhundert). Die Kirchenfassade mußte nach dem großen Erdbeben erneuert werden, ausgenommen die Vorhalle mit dem hochgotischen Portal. Dem spätgotischen **Kreuzgang** wurde im 16. Jahrhundert eine Galerie im Renaissancestil aufgesetzt. Besonders sehenswert ist das zum Kapitelsaal führende **Portal,** bei welchem Elemente der Gotik und des mudejaren und manuelischen Stils vereinigt sind.

Von der Brüstung des vor den Gebäuden liegenden Gartens hat man einen schönen Blick ins Land.

Geht man entlang des Palastes Cadaval abwärts, so passiert man Teile der römischen, von den Westgoten verstärkten Stadtmauer sowie den **Palast der Condes de Basto,** der dieser Mauer gleichfalls aufsitzt. Dieser Palast spielte in der Stadtgeschichte eine wesentliche Rolle. Ihm gegenüber liegt der ausgedehnte Komplex der ehemaligen **Universität,** die zu den umfangreichsten Renaissancebauwerken Portugals zählt. Sie wurde 1551 als Jesuitenkollegium gegründet und 1558 zur Universität umgewandelt, mit jesuitischem Lehrkörper. Anläßlich der Vertreibung der Jesuiten 1759 wurde sie aufgelöst. Der Haupthof der Universität wird von zweigeschossigen Laubengängen gesäumt, die gegenüber dem Zugang in einem barokken Schmuckgiebel zusammenlaufen. Heute dienen Teile der Bauten als Gymnasium. Die **Universitätskirche Espirito Santo** ist ein einschiffiger Renaissancebau mit viel Marmor und Talha. In ihr steht der Sarkophag, den sich Kardinal Henrique zu seinen Lebzeiten anfertigen ließ (als König wurde er dann in Belém beigesetzt).

Setzt man den Rundgang auf dem inneren Straßenring (nun Rua do Conde da Serra da Tourega) fort, so berührt man die Igreja da Misericórdia, die wegen ihrer Schnitzereien und ihrer Azulejos sehenswert ist. Ganz in der Nähe der **Largo das Portas de Moura,** wohl der schönste Platz der Stadt, mit Marmorbrunnen aus dem 16. Jahrhundert. Der Platz ist mit interessanten Gebäuden gesäumt, so nach S mit der Casa Cordovil (1515), die eine Loggia hinter mudejaren Zwillingsbogen ziert. Nach N ist er durch zwei Türme der mittelalterlichen Stadtmauer abgeschlossen.

In den Rundgang kann man auch den Besuch der etwas außerhalb des inneren Straßenrings liegenden beschädigten Kirche da Graça (1550, barock anmutende Renaissancefassade nach italienischen Vorbildern, Renaissancekreuzgang) und der **Igreja Real de São Francisco** (1460–1510) einbeziehen. Letztere ist eines der beispielhaftesten Bauwerke des gotisch-mauresken Baustils in Südportugal. Vorhalle mit mudejaren Hufeisenbogen. Im Chor je ein Balkon im Renaissance- und im Barockstil. Dem südlichen Querschiffarm angehängt ist die makabre Capela dos Ossos (Knochenkapelle) mit den Gebeinen von mehreren Tausend Menschen.

Gegenüber dieser Kirche liegt der Mercado sowie der Stadtpark mit den (restaurierten) Resten der königlichen Avis-Residenz „Paço do Dom Manuel", auch „Galeria das Damas" genannt, und mit einer weiteren Palastruine aus dem 16. Jahrhundert.

Von hier aus kann man entweder südwärts einen Abstecher quer durch den Stadtpark in Richtung Bahnhof zur **Ermida de São Brás** machen (gotischer Mudéjarstil von 1480 mit seltsamen turmförmigen Stützpfeilern) oder man erreicht in nördlicher Richtung den Ausgangspunkt Praça do Geraldo.

Die **Stadtmauern,** es handelte sich einstmals um drei Mauerringe, sind noch zu einem großen Teil erhalten. Die ältesten, aus römischer Zeit (1. Jahrhundert) stammenden und von den Westgoten (5. bis 7. Jahrhundert) verstärkten Mauerteile am inneren Mauerring sind zwischen den Palästen Cadaval und Basto zu sehen. Die mittelalterlichen Mauern (14. Jahrhundert) sind insbesondere im Norden und Westen der Stadt vorhanden, während der Südrand der Stadt im 17. Jahrhundert im Zusammenhang mit der Erhebung gegen die spanische Herrschaft „moderne" Befestigungsanlagen mit Bastionen und Bollwerken im Stile von Vauban erhielt. In eine dieser Bastionen ist der Stadtpark (Jardim público) einbezogen.

Im nördlichen Teil der Stadt wären noch zu erwähnen **Convento und Igreja de Santa Clara** an der Rua de Serpa Pinto, die Kirche in Barock, und der Kreuzgang im Renaissancestil. Außerdem der **Aquädukt,** der 1531–1538 auf römischen Fundamenten erbaut worden war. Er war ehemals 17 km lang.

In der zur Praça do Geraldo führenden Rua do Raimundo befindet sich rechter Hand die **Igreja das Mercês** (17. Jahrhundert), in der ein Museum für dekorative Kunst untergebracht ist.

Auskunft, Stadtplan und Unterkunftsnachweis (450 Betten): Comissão de Turismo, Praça do Geraldo, 73.

Verkehr: Bahnstation. Busverbindungen mit Setúbal, Beja, Estremoz, Portalegre, Castelo Branco, Santarém. Gesellschaftsfahrten nach Lissabon und umgekehrt.

Veranstaltungen, Unterhaltung und Sport: Festa São Sebastião am 20. Januar, Lichtmeß und Wallfahrt São Brás am 2. und 3. Februar (Becher- und Topfmarkt), Jahrmarkt São João vom 24. bis 30. Juni. Fischfang, Jagd, Tennis, Stierkampf, Schwimmbad, Camping.

Umgebung:

1. 2 km in Richtung Arraiolos liegt der ehemalige **Convento de São Bento de Castris** (Casa Pia), im 13. Jahrhundert gegründet und im 15. Jahrhundert restauriert. Verschiedene Stilrichtungen. Kreuzgang im Mudéjarstil. Aussicht vom Monte São Bento (364 m).

2. 16 km in Richtung Arraiolos liegt seitlich der Straße das ehemalige Jagdschloß **Sempre Noiva,** das der Erzbischof Afonso im 16. Jahrhundert erbauen ließ. Im 19. Jahrhundert schlecht restauriert.

3. 20 km nördlich liegt das Städtchen **Arraiolos,** überragt von der Ruine eines mächtigen **Castelo.** Interessant ist auch **Kloster und Kirche dos Lóios** aus dem 16. Jahrhundert mit zweistockigem Kreuzgang

4. 3 km nordöstlich liegt der **Convento d'Espinheiro,** gegründet 1458, restauriert im 16. Jahrhundert; Azulejos aus dem 16. bis 18. Jahrhundert, Kreuzgang aus dem 16. Jahrhundert. Im Garten Mausoleum (1520) des Dichters Garcia de Resende (gestorben 1536). Unweit östlich der neue Stausee do Divor.

5. 31 km südwestlich liegt abseits der großen Durchgangsstraßen (N 254) das Städtchen **Viana do Alentejo** (5000 Einwohner) mit fünfseitigem und fünftürmigem **Castelo** (1510) und Wallfahrtskirche mit schönem manuelischem Portal aus dem 15. Jahrhundert und Azulejos des 16. Jahrhunderts. Wallfahrt am vierten Sonntag im September. – In **Alvito** (10 km) interessantes gräfliches **Schloß** (15. Jahrhundert) und Pfarrkirche mit besonders schönen Azulejos aus dem 17. Jahrhundert.

6. Die vorgeschichtliche **Gruta do Escoural** wurde 1963 bei Steinbrucharbeiten entdeckt. Man fand Steinwerkzeug, Topfscherben usw. sowie primitive Wandzeichnungen aus der Altsteinzeit. Die Höhle liegt in der Nähe von Santiago do Escoural, 25 km westlich von Evora (von der N 4 südwestlich auf die N 370 einbiegen). Wegen eines Besuchs sollte man sich an das

Nationalmuseum für Archäologie und Ethnographie in Lissabon wenden.

7. 35 km nordöstlich das hochgelegene mauerumgürtete Dorf **Evoramonte** mit Castelo, in 450 m Höhe

8.

FÁTIMA,

der weltbekannte Wallfahrtsort, liegt in etwa 400 m auf dem einsamen felsigen Hochplateau von Cova da Iria in der Provinz Beira Litoral, zwischen Tomar und Batalha, 150 km nördlich von Lissabon. Seinen Namen hat er von dem in der Nähe liegenden gleichnamigen kleinen Dorf übernommen.

Nach der Überlieferung erschien die Jungfrau Maria am 13. Mai 1917 und am 13. der folgenden fünf Monate drei Hirtenkindern mit einer Friedensmahnung. Trotz des „Milagro del Sol" (Sonnenwunder) am 13. Oktober 1917 vor 70 000 Pilgern wurde der Kult von Nossa Senhora de Fátima von der katholischen Kirche erst am 13. Oktober 1930 offiziell anerkannt.

Die einzige Überlebende der 3 Hirtenkinder, Lucia, ist 1928 ins Kloster gegangen.

Die Pilgerzahlen stiegen von Jahr zu Jahr und erreichten am 13. Mai 1967 (50jähriges Jubiläum) anläßlich des Besuchs von Papst Paul VI. eineinhalb Millionen.

Der Ort des Geschehens ist eine weite Geländemulde. Diese wurde inzwischen total umgestaltet und befestigt, um als Versammlungsplatz der Hunderttausende dienen zu können. Auf diesem 15 ha großen Platz steht am unmittelbaren Erscheinungsort ein schlichtes Erinnerungsoratorio, am erhöhten Rand des Platzes die hochaufragende neubarocke **Basilika,** die größte Portugals. Rund um den Platz befinden sich Säulenhallen, Klosteranlagen und sonstige kirchliche Bauten, eine Missionsschule, Devotionalienhandlungen usw. Die gleichfalls neuerbauten Hotels und Pilgerunterkünfte reichen bei weitem nicht aus, um an den Wallfahrtstagen alle Pilger unterbringen zu können. Diese nächtigen daher meist unter freiem Himmel, und die weitere Umgebung gleicht dann einem Heerlager aus alter Zeit.

FATIMA. Der weltbekannte Wallfahrtsort ist besonders am 13. Mai und 13. Oktober der Sammelpunkt unübersehbarer Pilgerscharen. Unser Bild: Der Anbetungsplatz mit der neubarocken Basilika im Hintergrund.

Auskunft: Comissão Municipal de Turismo in Leiria. In Fátima: Touristenbüro bei der Esplanada.

Unterkunft in Fátima in 1200 Betten, sonst in Tomar *, Leiria *, Alcobaça * usw. Campingplätze in Encontramento und Alcobaça.

Busverbindungen mit den Bahnhöfen von Leiria und Tomar sowie mit Lissabon.

Wallfahrten: Hauptwallfahrten sind am 13. Mai und 13. Oktober, den Jahrestagen der ersten und letzten Erscheinung. In der Nacht vom 12. zum 13. bewegen sich dann aus verschiedenen Richtungen unübersehbare Lichterprozessionen zum Anbetungsplatz, wo unter freiem Himmel und in der Basilika Messen stattfinden, sowie der Umgang des Allerheiligsten unter den Kranken. Am 13. der zwischen Mai und Oktober liegenden Monate finden kleinere Wallfahrten statt.

9.

SETÚBAL

(55 000 Einwohner, Provinz Estremadura) ist die Hauptstadt des Distrikts dieses Namens, der sich auch über einen Teil der Provinz Alentejo (bis einschließlich Santiago do Cacém) erstreckt. Sie besitzt eine beachtliche Industrie (Zement, Kraftfahrzeugmontage, Schiffbau) und treibt Handel mit den landwirtschaftlichen Produkten der Region. Die der Serra d'Arrábida angelehnte Stadt liegt am Nordufer der breiten Sadomündung und hat damit einen günstigen Fischerhafen, der ihre Konservenindustrie, die bedeutendste Portugals, beliefert. In den salzigen Niederungen beiderseits der Sadomündung bis Alcácer do Sal wird in großen Mengen Salz erzeugt.

Abgesehen von seiner wirtschaftlichen hat Setúbal auch touristische Bedeutung, einerseits als Standort zum Besuch der Serra d'Arrábida und ihrer Umgebung, andererseits wegen seiner Kunstdenkmale. Zwar hatte das Erdbeben von Lissabon 1755 auch fast die ganze Stadt Setúbal zerstört, doch blieb ihr das wichtigste Kunstwerk erhalten, die **Igreja de Jésus**, die seit 1491 während der Regierungszeit von João II. und Manuel I. von dem Architekten Boytaca (späterer Erbauer des Jerónimosklosters) errichtet worden war. Sie ist in spätgotischem Stil erstellt, wobei **erstmals die Bauformen des manuelischen Stils** entwickelt wurden, vor allem bei den Säulen und im Chor.

Im westlichen Teil des Klosters ist das **Museu da Cidade** untergebracht. Dieses enthält archäologische und kunsthandwerkliche Sammlungen sowie Gemälde, darunter insbesondere die **15 Tafelgemälde** eines unbekannten „Primitiven" des 15./16. Jahrhunderts, die ehedem in der Jesuskirche untergebracht waren. Kreuzgang (wie übrigens auch die Kirche) im Marmor der Serra d'Arrábida.

Zentrum der Stadt ist die Praça do Bocage, benannt nach dem einheimischen Dichter (1785–1808). Hier steht die **Igreja de São Julião,** die nach dem Erdbeben neu aufgebaut wurde, aber von der vorhergehenden Kirche das sehr charakteristische **manuelische Portal** (nördliche Langseite) übernommen hat.

Hinter der geräumigen Avenida Luisa Todi (Sängerin aus Setúbal) liegt die rechteckige Altstadt mit ihren engen romantischen Gassen.

Westlich über der Stadt erhebt sich das **Castelo de São Filipe,** 1590 von den Spaniern erbaut. Es ist ein fünfeckiges Fort im Stile des Festungsbaumeisters Vauban, teilweise als Pousada in Benützung. Sehr schöne Rundsicht.

Auskunft und Unterkunftsnachweis (250 Gastbetten): Comissão de Turismo, Praça de Bocage (Câmara Municipal) und Largo do Corpo Santo.

Verkehr: Bahnstation an der Sado-Linie. Busverkehr mit der näheren und weiteren Umgebung bis Faro, Lagos, Beja, Serpa, Sines, Lissabon usw. Fährverkehr während der Sommersaison zur Halbinsel Tróia.

Veranstaltungen, Unterhaltung und Sport: Festa São Tiago vom 25. Juli bis 8. August mit Ausstellungen und Volksbelustigungen (evtl. Stierkampf). Museu da Cidade, Museu Oceanografico, Parque de Bonfim, Parque Luisa Todi, Theater, Tennis, Wassersport (insbes. Segeln in der weiträumigen Sadomündung), Camping, Karneval.

Umgebung:

1. Südlich, jenseits der Sadomündung, liegt die langgestreckte Landzunge **Tróia** (Comporta) mit ausgedehntem Sandstrand und den Resten der ehemaligen römischen Stadt **Cetobriga,** die im 5. Jahrhundert von einer Sturmflut zerstört wurde. Fährverkehr mit Hoverkraft.

2. 9 km nördlich liegt das Städtchen **Palmela** (7000 Einwohner), umgeben von Orangenanlagen und einigen Windmühlen und überragt von seinem **Castelo** mit dem mächtigen Bergfried, der aus dem 14. Jahrhundert stammt. Die äußeren als Geschützstellungen ausgebauten Bastionen sind dem 17. Jahrhundert zuzurechnen. Dazwischen liegen die zerstörten mau-

rischen Befestigungsanlagen und die Reste einer vom Erdbeben zerstörten Kirche (Santa Maria), die ehedem eine
Moschee war, sowie die Ruine des Klosters São Tiago mit
romanisch-gotischer Kirche (Azulejos des 16. und 18. Jahrhunderts).

Das Castelo wurde 1166 den Mauren entrissen und war
anschließend einige Zeit Sitz des Ritterordens vom Heiligen
Jakob.

3. Westwärts in die **Serra d'Arrábida** → Ziff. 4.

D.

DER TOURIST IM ALGARVE

1.
Die Reisevorbereitungen

Personalpapiere: Für Bürger der Bundesrepublik und der Schweiz genügt der nationale Personalausweis, Österreicher benötigen einen Reisepaß. Bei der Einreise nach Portugal wird man mit seinem Wagen von dem Grenzbeamten „in ein Buch eingeschrieben", ebenso bei der Ausreise.

Autopapiere: Nationaler Kraftfahrzeugschein genügt, ebenso der nationale Führerschein. Vorgeschrieben ist die Grüne Versicherungskarte. Der Schutzbrief eines Automobilklubs kann nützlich sein, z. B. bei Ausfall des Fahrzeugs oder des Fahrers, oder bei erforderlichem Ersatzteilnachschub oder Diebstahl des Wagens.

Erkrankungen im Ausland: Hinsichtlich der sozialen Krankenversicherung bestehen u. a. mit den EWG-Ländern und mit Spanien und Portugal Gegenseitigkeitsabkommen. Zur Inanspruchnahme von Krankenhilfe in diesen Ländern ist ein „Anspruchsausweis" erforderlich, den die heimatliche AOK ausstellt.

Bei den Privatkassen ist die Auslandsdeckung unterschiedlich, so daß eine vorherige Orientierung zu empfehlen ist. Auf die sehr preiswerte Summenversicherung beim ADAC (z. B. 5 DM Prämie für 3000 DM Versicherungssumme) sei an dieser Stelle ebenfalls hingewiesen.

Zoll: Als Tourist hat man bei der Einreise nach Frankreich, Spanien und Portugal kaum Schwierigkeiten, und Koffer (span. und port. = „maleta") werden selten geöffnet. Dessen ungeachtet ist es gut, zu wissen was zollfrei erlaubt ist:

Gegenstände für den persönlichen Gebrauch des Reisenden, darunter 1 Fotoapparat, 1 Filmapparat, 1 Reiseschreibmaschine, 1 Plattenspieler, 1 Tonbandgerät, 1 tragbares Radiogerät, 1 eingebautes Autoradio, 1 tragbares Musikinstrument, 1 Feldstecher, 1 Fahrrad, Angelgerät, Campingausrüstung.

An Genußmitteln: 200 Zigaretten oder 50 Zigarren oder 250 g Tabak. Sowie 1 Flasche Wein und $1/4$ Liter Spirituosen. Im Transitverkehr (Durchgangsverkehr) können Geschenkartikel bis zum Wert von 50 US-Dollar mitgeführt werden.

Hotelvorausbestellung und Auskunftstellen: Der größte Touristenandrang besteht in der Zeit von Juli bis Anfang September. Wer in dieser Zeit unangemeldet kommt, kann Schwierigkeiten haben bzw. muß evtl. mit Einfachquartier vorlieb nehmen. Zwecks Vorausbestellung ist es erforderlich, sich die aktuelle **Hotelliste** zu besorgen. Man erhält sie vom

Portugiesisches Fremdenverkehrs-Amt,

> 6000 Frankfurt, Kaiserstr. 66
>
> 1204 Genf, 35 Rue du Rhône,
>
> 1010 Wien, Sterngasse 6A.

Anhand dieser Liste kann man die örtlichen Verkehrsbüros oder die betr. Hotels direkt anschreiben.

In Österreich erhält man Auskünfte und Prospekte beim TAP-Büro in Wien, Rotenturmstraße 16–18.

Radioempfang: Wer bei längerem Aufenthalt Hörverbindung mit der Heimat halten will, der sollte darauf bedacht sein, daß er eine möglichst lange Autoantenne hat, und daß sein Koffergerät einen Kurzwellenbereich hat (möglichst mit „gespreizten" Bändern), da Kurzwellen die größte Reichweite haben. So hört man die Deutsche Welle Köln im ganzen portugiesischen Raum auf dem 25 m-Band (19–21.10 Uhr) und dem 31 m-Band (8–10.10, 12–14.10, und 17–19.10 Uhr). Auf dem 31 m-Band kann man (13.30 Uhr) evtl. einen Schweizer Sender empfangen. Auf dem 49 m-Band hört man Radio Luxemburg mit Urlaubsprogramm von 8 bis 20 Uhr, und auf der „Europawelle" (gespreizte Mittelwelle) hört man eventuell West- bzw. Südwestdeutsche Sender.

Übrigens : Radio Portugal bringt auf der Mittelwelle 397 und 755 Khz jeden Morgen von 8.45 bis 9 Uhr deutschsprachige Sendungen für die Touristen.

Prospekte und Landkarten: Prospekte von jeder gewünschten Stadt erhält man (soweit greifbar) bei den obengenannten Adressen. Als Reisekarte kann die mehrfarbige RV-Karte Nr. 85 (Spanien und Portugal) empfohlen werden, der auch die diesem Reiseführer beigegebenen Kartenskizzen entnommen sind.

Deutsche diplomatische Vertretungen in Spanien: Barcelona, Bilbao, Cadiz, Granada, Huelva, Madrid, Malaga, San Sebastian, Santander, Sevilla, Tarragona, Valencia, Vigo.

In Portugal:

Lissabon, Botschaft, Campo Mártires da Pátria, 38,

Faro, Wahlkonsulat, Travessa Conceição 4,

Porto, Konsulat, Praça do Municipio 287.

2.
Was der Kraftfahrer wissen muß

Die für einen Wagen erforderlichen bzw. nützlichen Papiere sind im vorausgehenden Abschnitt aufgeführt. Man sollte nicht übersehen, daß für den Wagen eine Fahrleistung von (einfach) 2500 bis 3000 km bevorsteht, und daß er deshalb in jeder Beziehung fit sein muß. Ersatzteile sind in den hier in Betracht kommenden drei Ländern regelmäßig teurer, ganz abgesehen davon, daß sie von der Werkstatt oft erst per Luftfracht angefordert werden müssen. Man sollte sich daher von seiner heimischen Werkstatt (evtl. leihweise) eine Ersatzteilpackung mit den anfälligsten Verschleißteilen geben lassen, sowie das Verzeichnis der ausländischen Vertragswerkstätten seiner Automarke.

Des weiteren wäre zu überlegen, ob man (sofern nicht sowieso vorhanden) für die Dauer dieser Reise evtl. eine befristete Kaskoversicherung abschließt, und zwar aus folgenden Gründen:

In Portugal gibt es Haftpflichtversicherungszwang.

In Spanien gibt es einen solchen, jedoch nur für entstandene Personenschäden. Die Geltendmachung von Schadensersatzansprüchen ist schwierig; so benötigt man u. a. zwei neutrale

Zeugen (keine Verwandten). Anwaltskosten werden nur teilweise erstattet.

In Frankreich kümmert sich die Polizei in der Regel nur um Personenschäden. Die Aufnahme von Unfallsachverhalten besorgt (gegen Gebühr) der „Huissier" (sprich „Üissieh"), der so etwas wie ein gerichtlicher Ermittlungsbeamter ist, und den es in jeder größeren Ortschaft gibt (im nächstgelegenen Kramladen kann man seine Telefonnummer erfahren). Anwaltskosten werden in der Regel nicht ersetzt.

Eine diesbezügliche Hilfe wäre auch der „Rechtsschutz im Ausland", der zum Teil mit dem Schutzbrief der Autoklubs verbunden ist.

Übrigens: Bei eigenem Totalschaden überläßt man den Schrott am besten dem betr. Staat, um eine sonst wegen „Nichtwiederausfuhr" fällige Zollzahlung zu verhindern. Bei Diebstahl des Wagens ist man noch schlechter dran, hier kann auch wieder nur ein Schutzbrief vor doppeltem Schaden (Zollzahlung) bewahren.

Ein Touristenfahrzeug ohne Carnet darf sich bis zu einem Jahr zollfrei in Portugal aufhalten; nach sechsmonatiger Unterbrechung des Portugalaufenthalts beginnt diese Frist von neuem. Wird ein Fahrzeug durch einen unvorhergesehenen Zwischenfall an der rechtzeitigen Wiederausfuhr gehindert, so kann über den Portugiesischen Automobilklub (ACP) die Verlängerung des zollfreien Aufenthalts beantragt werden. Dessen Adresse: Automóvel Club de Portugal, Lisboa 2, Rua Rosa Araújo 24–26. Seine Geschäftsstellen befinden sich in Aveiro, Braga, Caia (Grenzbüro bei Elvas), Castelo Branco, Coimbra, Faro, Porto, Valença do Minho und Vilar Formoso (Grenzbüro bei Guarda).

Notrufdienste laut Empfehlung des ACP:
Lisboa: Automóvel Club de Portugal, Avenida Barbosa de Bocage 23 (ständige Bereitschaft).
Porto: Automóvel Club de Portugal, Rua Gonçalo Christóvão 2 (ständige Bereitschaft).
Coimbra: Automóvel Club de Portugal, Avenida Navarro 6 (ständige Bereitschaft).

An der ALGARVEKÜSTE wechseln Steilufer mit kleineren oder größeren Sandstränden. Unser Bild: Die Praia Dona Ana bei Lagos.

Aveiro: Automóvel Club de Portugal, Avenida Dr. Lourenço Peixinho 89 (ständige Bereitschaft).

Beja: José Pinto Caeiro, Lda., Avenida da Boavista 1–7 (8 bis 24 Uhr, sonntags ungewiß).

Braga: Faria & Filho, Lda., Rua de Caires 124 (8 bis 17 Uhr, ausgenommen Sonntag).

Castelo Branco: Garagem São Cristóvão, Avenida Marechal Carmona (montags bis freitags 8 bis 18 Uhr, samstags 8 bis 12.30 Uhr, sonntags geschlossen).

Covilha: Garagem São João, Lda., Largo São João de Malta (ständige Bereitschaft).

Evora: Organização Industrial Tudauto, Praça Joaquim António de Aguiar 18 (ständiger Dienst).

Faro: Farauto, Lda., Largo do Mercado (ständige Bereitschaft).

Guarda: Manuel Conde & Coa., Rua Vasco da Gama 1 (ständige Bereitschaft).

Leiria: Lubrigaz, Lda., Rua Capitão Mouz. de Albouquerque (ständige Bereitschaft).

Mirandela: Garagem Pombinho, Praça da República (9 bis 18.30 Uhr, ausgenommen Sonntag).

Portalegre: Automóveis e Tractores A. Sajara, Lda., Rua do Comércio 91 (ständige Bereitschaft).

Portimão: Farauto, Lda., Rua Dom Carlos I. 1–3 (von 7 bis 22 Uhr).

Santarém: Autopalace, Largo da Piedade 8–9 (ausgenommen Sonntag).

Setúbal: Setubauto, Avenida Marquês dos Santos, SARL, Avenida dos Combatentes da Grande Guerra 83 (ausgenommen Sonntag).

Viana do Castelo: Auto-Vianense, Lda., Rua do Gontim 109 und Avenida Camões (ständige Bereitschaft).

Vila Real: Garagem Boavista, Praça Diogo Cão und Rua de Santo António (ständige Bereitschaft).

Viseu: Garagem Lopes, Rua da Associação Comercial und Rua da Vitória (9 bis 19 Uhr, samstags bis 13 Uhr, sonntags keine Bereitschaft).

Vom spanischen wie auch portugiesischen Verkehrsrecht bzw. der dortigen Gerichtspraxis ist wichtig zu wissen, daß der Überholende (Schnellere) nicht wie in Deutschland privilegiert ist. Man darf nämlich erst dann überholen, wenn man seinen (meist sorglosen) Vordermann entsprechend akustisch oder optisch gewarnt hat. Lastwagen geben dann durch grünes Licht das Überholen frei. Der Vordermann hat nämlich Vorfahrt, wenn er seinerseits überholen oder links abbiegen will, was an sich nicht unlogisch ist, da man sich ja nach vorne besser orientieren und sichern kann, als nach hinten. Akustische Signale sind auch vor unübersichtlichen Kurven vorgeschrieben, was man insbesondere im Gebirge sehr rasch einsieht.

Es besteht absolute Rechtsvorfahrt, auch im Kreisverkehr. Vorfahrt haben jedoch in jedem Fall: Polizeiautos, Sanitätsautos und private Wagen, die eilige Krankentransporte durchführen, wenn sie dies deutlich erkennbar machen (z. B. durch Signale oder durch Herausflatternlassen eines weißen Tuches), sowie Militärkolonnen.

Die **Höchstgeschwindigkeit** in Portugal beträgt in geschlossenen Ortschaften 60 km, für Omnibusse und PKW mit Anhängern nur 50 km. Außerhalb 80 km/Std., auf Landstraßen mit 2 Fahrstreifen in einer Richtung 100 km/Std. Im freien Gelände ist sie für Omnibusse und für PKW mit Anhängern auf 70 km begrenzt. Warndreiecke müssen mindestens 30 m hinter einem harvarierten Fahrzeug aufgestellt werden.

Der Verkehr in den Großstädten **Lissabon und Porto** ist turbulent. Das Tempo wird von den zahllosen schwarz-grünen Taxis diktiert, die natürlich jede Straßenbiegung und jeden Randstein kennen, wodurch der Verkehr eine „professionellere" Note hat als etwa in einer deutschen Großstadt, wo jede Kreuzung durch Ampeln narrensicher gemacht ist. Als stadtfremder Tourist ist man daher gut beraten, wenn man die Zentren dieser beiden Städte mit dem Wagen meidet, und sich statt dessen einem Autobus oder einem der allgegenwärtigen und sehr preiswerten Taxis anvertraut; allerdings kann man in einem solchen auch nur als Mitfahrer schon das Gruseln lernen!

3.
Die Anreise

Der größte Teil der Touristen, vor allem der „Badetouristen", beteiligt sich heutzutage an den bequemen und preiswerten Gesellschaftsreisen, die von zahlreichen Reisebüros veranstaltet werden. In diesem Falle ist die Sorge der Anreise (aber auch deren Reiz und Abenteuer) abgenommen.

Ansonsten führt der kürzeste und schnellste Weg nach Portugal **durch die Luft,** denn Lissabon und Faro (Algarve) werden von Frankfurt aus mehrmals wöchentlich angeflogen.

In der Reisesaison werden von den Fluggesellschaften preisgünstige IT-Ferienarrangements (Lissabon, Porto, Faro) angeboten. Die Flugdauer beträgt etwa 2¹/₂ Stunden.

Eine **Bahnreise** dauert ca. 2 Tage. Die beste Route ist wohl die über Paris; von dort aus (Gare Austerlitz) mit dem Südexpreß oder dem Iberiaexpreß nach Lissabon oder Porto. Von Österreich oder der Schweiz aus erreicht man über Genf und Lyon in Bordeaux die ebengenannten Fernschnellzüge. Wegen der abweichenden Spurbreite der iberischen Bahnen muß an der französisch-spanischen Grenze umgestiegen werden. Für Bahnrundreisen innerhalb von Portugal werden Fahrkartenhefte (Bilhetes Turisticos) abgegeben.

Eine **Seereise** von Hamburg oder Bremen nach Portugal (wobei evtl. auch der eigene Wagen mitgenommen werden kann) ist sehr erholsam, erfordert jedoch mehr Zeit. In Betracht kommen in der Regel Frachter mit Passagierkabinen (Auskunft in den Reisebüros und bei den Reedereien). Von Le Havre aus gibt es einen Autofährverkehr nach Lissabon (Reederei Normandy Ferries), ebenso von England aus, was jedoch für Touristen vom Kontinent weniger in Betracht kommen dürfte.

Mit dem eigenen Auto: Die Entfernung nach Portugal beträgt immerhin ca. 2500 km. Die selbstgesteuerte Anreise empfiehlt sich daher nur bei ausreichend zur Verfügung stehender Zeit (mindestens 4 Wochen). Von Westdeutschland aus wird man vorteilhafterweise die Europastraße 3 über Paris, Bordeaux, Burgos usw. wählen. Von Süddeutschland, der Schweiz und Österreich aus kommt die Route über Lyon und Bordeaux in Betracht, evtl. auch ab Lyon rhoneabwärts in Richtung Barcelona und der spanischen Mittelmeerküste entlang, was besonders reizvoll ist (GOLDSTADT-Führer Bd. 2002, 2020, 2019), zudem sich auch die Fahrzeit durch die neue Rhonetalautobahn sehr verkürzt. Interessant können auch folgende **Autoreisezüge** sein:

Düsseldorf – Köln – Narbonne,
Düsseldorf – Saarbrücken – Biarritz,
Hamburg – Hannover – Neu-Isenburg – Biarritz.

Mietwagen mit und ohne Chauffeur gibt es in allen größeren Städten Portugals zu erschwinglichen Preisen. Die Taxis sind ein sehr preiswertes und allgegenwärtiges Verkehrsmittel. Vielleicht kann dies auch von Einfluß auf die zu wählende Anreiseart sein.

4.
Was man gesehen haben sollte

Algarve: São Lourenço bei Faro, Praia da Rocha, Lagos (mit Punta da Piedade und Santo António), Sagres mit Cabo São Vicente, Strand und Dünen bei Aljezur, Serra de Monchique mit dem Aussichtspunkt Fóia (Fahrstraße), Mandelblüte Mitte Januar bis Mitte Februar.

Lissabon: Praça do Comércio bis zum Rossio, Museu Gulbenkian, Museu de Arte Antiga, das Stadtviertel Alfama.

Lissabon-Belém: Manuelisches Mosteiro dos Jerónimos, Torre de Belém, einige weitere Museen.

Evora: Mauerring, römischer Tempel, Kathedrale.

Fátima: Hauptwallfahrten am 13. Mai und 13. Oktober, kleinere Wallfahrten je am 13. der Monate Juni - September.

Setúbal: Igreja de Jésus, die Serra d'Arrábida.

5.
Währung und Preislage

Die Währungseinheit ist der Escudo (= „Wappenschild") zu 100 Centavos. Er wird durch das Zeichen $ dargestellt. Dieses steht immer zwischen Escudos und Centavos (also an der Stelle eines Kommas), z. B. 2 $ 50 = 2 $ und 50 Centavos. Auch reine Centavosbeträge werden mit dem $-Zeichen ausgedrückt, und zwar durch Voranstellen, z. B. $ 50 = 50 Centavos. Ein 10-Centavos-Stück wird oft auch als „Tostão" (Mehrzahl Tostões) bezeichnet.

Es dürfen nur 1000 Esc. pro Person ein- oder ausgeführt werden. Ausländische Geldsorten müssen bei der Ein- und Ausreise deklariert werden.

Der **Wechselkurs** ist etwa 4 DM für 100 $ 00. Für 1 DM erhält man also ca. 25 $ 00, und 1 $ 00 ist etwa 4 Pfg wert.

100 $ sind außerdem etwa soviel wie 3,50 Schweizer Franken oder 30 Österreichische Schilling.

In der Regel stellt man sich einige % besser, wenn man die benötigten Escudos in Portugal selbst ankauft. Portugal ist der Reihe der Länder angeschlossen, in welchen die durch die Euroscheckkarte garantierten deutschen Schecks (je 300 DM) eingelöst werden.

Übriggebliebene Escudos (→ auch oben Abs. 2) sollten vor der Rückreise in Portugal selbst zurückgetauscht werden, da man z.B. in Deutschland nur ca. 70% des bezahlten Kurses zurückerhält.

6.
Etwas Portugiesisch gefällig?

Die portugiesische Sprache gehört zu der Familie der romanischen Sprachen. Sie wird von über 120 Millionen Menschen in der Welt gesprochen; außer in Portugal und dessen überseeischen Provinzen noch in Brasilien und, etwas abgewandelt, noch in Teilen der spanischen Provinz Galicia.

Die Geschichte des Staates Portugal begann in den Bergen des Nordens, die portugiesische Sprache ebenfalls! Dort, im gallischen Galicia und im Minho, wurde die von den Römern eingeführte kastilisch-lateinische (altspanische) Sprache von Anfang an mit gallischem (altfranzösischem) Akzent gesprochen (Nasallaute usw.), seit dem 5. Jahrhundert auch mit suebischen (schwäbischen) Zischlauten, Wortverkürzungen und Auslassungen (s = sch, p = b, t = d, keine ü usw.). – Beispiel: Der Begriff „Posta restante" (= postlagernd) wird „boschdareschdande" ausgesprochen, genauso wie dies im deutschen Schwabenland gegebenenfalls gehandhabt würde. – Demgegenüber sprachen die weiter südlich (und im heutigen Spanien) wohnhaften Westgoten, die sich mit den Römern vermischt und verbündet hatten, das „Castiliano", aus dem das heutige Spanisch hervorgegangen ist.

Im Verlauf der Reconquista (Vertreibung der islamischen Mauren), die in jenen nördlichen Gebieten ihren Ausgangspunkt hatte, verbreitete sich mit den großenteils aus Galicia und dem Minho stammenden christlichen Truppen auch deren gallo-iberisch-suebischer Dialekt über große Teile Portugals, das bis zu diesem Zeitpunkt arabisch gesprochen hatte und nach der Vertreibung der Mauren ein sprachliches Vakuum bildete.

Durch das Erwachen einer national-portugiesischen Literatur im 13. Jahrhundert und nach der Gründung der Universität Coimbra fixierte sich dieser Dialekt und wurde unter dem Dichterkönig Dinis (1279–1325) offizielle Hof- und Landessprache.

Von der portugiesischen Intelligenz wird bevorzugt (und aus vornehmer Tradition) Französisch gelernt, an zweiter Stelle Englisch, das durch die jahrhundertelangen Beziehungen zu England gleichfalls Tradition hat. Dies entspricht auch der heutigen touristischen Situation, denn die englischsprechenden Touristen liegen mit den Franzosen etwa gleichstark an der Spitze der Tabelle, gefolgt von den Spaniern und den Deutschen, letztere in einer Zahl von jährlich fast 200 000. Die deutsche Sprache ist jedoch unter den Portugiesen recht wenig verbreitet und gilt als schwer erlernbar. Die spanische wird zwar meistens verstanden, man erhält dann aber die Antworten in Portugiesisch.

Wer eine lateinische Sprache (abgesehen vom Spanischen) beherrscht, ist meist sehr enttäuscht, daß er damit im Verkehr mit dem einfachen Mann nicht gar zu viel anfangen kann. Zwar wird man einfache Texte, etwa eine Zeitungsnotiz, erfassen können, aber einen Portugiesen, der den selben Text spricht, wird man trotzdem kaum verstehen; eine Folge der obengenannten historisch bedingten lautlichen Umwandlung des Kastilischen ins (oft gleich oder sehr ähnlich geschriebene) Portugiesische.

Im Gegensatz zu dem stakkato gesprochenen Spanisch wird das Portugiesische (unter Auslassungen und Weglassungen) sehr weich, unakzentuiert und fließend (zusammenhängend) gesprochen, wodurch zwar die Klangfarbe gewinnt, aber die Verständlichkeit und Differenziertheit leidet. (Beispiel: Was „três escudos" bedeutet, weiß praktisch jedermann; wenn dies ein Portugiese aber „dreschischkusch" ausspricht, dann wird es schon schwieriger. Dessen ungeachtet sollte man es sich nicht verdrießen lassen, sich einige grundsätzliche Regeln und gängige Redewendungen zu merken.

Im allgemeinen genügt wohl das „Kinderportugiesisch", d. h. auf die einfachsten Zeiten und Konjugationen zurückgeführte Verben mit den aus dem Wörterbuch (oder aus dem nachfolgenden Anhang) entnommenen Hauptwörtern. Bei den Verben bedeutet die Endung auf „o" = „ich", und die Endung „a" (oder „e") = „er bzw. Sie", während das Fürwort selbst regelmäßig wegfällt. (Beispiel: desejar (spr. deseschar) = wünschen, desejo = ich wünsche) deseja = er wünscht (oder „Sie wünschen"), auch im Fragesatz. In der Anrede wird nämlich die 3. Person **Einzahl** angewendet, d. h. statt „Sie" heißt es „er" oder „sie", oder auch „der Herr" bzw. „die Dame". Beispiele:

deseja (?) = er wünscht (wünscht er?)
         = Sie wünschen (wünschen Sie?)
que deseja o senhor? = Was wünschen Sie? (wörtlich: was wünscht der Herr?)
que deseja a senhora? = was wünschen Sie? (wörtlich: was wünscht die Dame?)

Bei den Eigenschaftswörtern wird das Geschlecht des zugehörigen Hauptwortes durch o oder a wiederholt (o muro é branco, a casa é branca). Die Buchstaben o und a werden nämlich auch bei der Artikelbildung verwendet: o = der (Mehrzahl: os), a = die (Mehrzahl: as).

Die Mehrzahl der Hauptwörter wird durch ansetzen eines „s" ausgedrückt. Von den Ausnahmen braucht man sich nur zu merken, daß der oft auftretende nasale Auslaut „ão" (der soviel wie im Französischen „ion" bedeutet) in der Mehrzahl zu „ões" wird: nação (Nation), nações.

LISSABON. Die berühmte TORRE DE BELEM am Tejoufer.

Die **Aussprache** weicht bei einigen Lauten von der deutschen erheblich ab, und zwar (ohne Anspruch auf Vollständigkeit):

a	wird unbetont wie ä gesprochen.
ã und õ	werden nasal gesprochen, etwa wie in „Mahnung" bzw. in „Bon".
em	wird wie ein nasales ai gesprochen (Belém wie Belaing).
im, in, um	sind gleichfalls nasal zu sprechen (jardim wie scharding)
o	wird unbetont wie u gesprochen, besonders am Wortende.
ou	wird als o gesprochen.
c	(vor a, o und u) wie k, (vor e und i) wie scharfes s.
ç	wie scharfes s.
ch	wie sch.
e	wird am Wortanfang zu einem unbetonten i (enviar = inviar).
g	(vor a, o und u) wie g, (vor e und i) wie weiches sch.
h	ist stumm.
l	im Silbenauslaut = rl (Gaumenlaut wie im engl. „well").
lh	wie lj (Batalha = Batalja).
nh	wie nj (wie bei Champagner).
qu	vor a wie „kw" (quatro = kwatru), sonst wie „k".
s	im Silbenauslaut wie „sch". **Ist sehr wichtig!**
v	wie w.
x	wird mal wie „ks", mal wie „sch", mal wie „s" gesprochen.
z	im Silbenauslaut meist wie „sch", sonst, insbesondere als Anlaut, wie s.

Nicht unwichtig ist eine (ungefähr) richtige **Betonung,** obwohl die Betonungsunterschiede im Portugiesischen nicht so ausgeprägt sind wie im Deutschen:

Die meisten Worte enden mit den Buchstaben a, e, o und s. Betont wird dabei auf der **vor**letzten Silbe. Bei Endungen auf i und u, oder auf einen Konsonanten wird die **letzte** Silbe betont. Ausnahmen werden durch einen Akzent gekennzeichnet (Beispiel: António).

Das allernötigste an Vokabeln und Redewendungen:

Allgemeines:

Herr (Frau)	senhor (senhora)	dort	ali
Fräulein (Mädchen)	menina	mein	meu
		diese(r)	esta (este)
bitte	por favor	gut	bom, boa (bem)
danke	obrigado	hübsch	bonito
bitte (als Antwort auf danke)	não tem	schön	belo
		jung	joven
herein!	entre!	neu	novo
Verzeihung!	perdão!	alt	velho
gestatten Sie?	com licença?	leicht	ligeiro
verstehen Sie?	compreende?	schwer	pesado
ich verstehe (nicht)	(Não) compreendo	groß	grande
		klein	pequeno
ja – nein	sim – não	dick	gordo
vielleicht	talvez	dünn (schlank)	delgado
sprechen	falar	breit	largo
deutsch	alemão	lang	comprido
Deutsche(r)	alemã	krank	enfermo
Österreicher(in)	austriaco(a)	seekrank	enjoado
Schweizer(in)	suiço(a)	morgen	amanha
wo gibt es ...?	onde há ...?	gestern	ontem
wo ist ...?	onde está ...?	heute	hoje
wie (?)	como (?)	hin und zurück	ida e volta
warum?	porque?	Straßenbahn	carro elétrico
hier	aqui	Autobus	autocarro
		Krankenhaus	hospital

Begegnung:

guten Tag	bom dia
guten Abend	boa tarde
gute Nacht	boa noite
auf Wiedersehen	adeus, oder: até logo
gute Reise	boa viagem
wie geht es Ihnen?	como está?
danke sehr	muito obrigado,
es geht mir gut!	sido muito bem!
es ist kalt (warm)	faz frio (quente)
hallo!	olé!

Hotel:

wissen Sie ein gutes Hotel? (ein billiges Hotel)	conhece um bom hotel? (um hotel barato)
haben Sie ein freies Zimmer?	tem um quarto vago?
mit 2 Betten (Bad)	com duas camas (banho)
Vollpension	pensão completa
kann ich das Zimmer sehen?	posso ver o quarto?
was kostet es?	quanto (o preço)?
Koffer	maleta
ich reise morgen ab	parto amanha
die Rechnung, bitte	a conta, por favor

Postamt (estação dos correios):

Briefkasten	caixa do correio, oder: marco postal
eine Briefmarke zu ...	um selo para ...
Brief	carta
Postkarte	cartão postal
wieviel beträgt das Porto?	quanto é a franquia?
Einschreiben	registado
postlagernd	posta restante
Briefpost	correspondência
Geldüberweisung	transferência dinheiro
telefonieren	telefonar

Einkauf:

ich möchte ...	desejo (oder: quero)
ansehen	mirar
kaufen	comprar
wieviel kostet es?	quanto?
Ich will es mir überlegen	quero reflectir
½ (¼) kg	meio (quarto) kilo
etwas mehr (weniger)	um pouco mais (menos)
genug	bastante
danke	obrigado
bitte (als Antwort auf Dank)	não tem (de que)
Geschlossen!	Fechado!

Berufe und Geschäfte:

Arzt	médico
Bäckerei	padaria
Friseur	salão de cabeleireiro
Goldschmied	ourives
Lebensmittel	viveres
Markthalle	mercado
Metzgerei	talho
Schneiderwerkstatt	alfaiataria
Schuhmacherei	sapataria
Unfallstation	posto de socorros
Wäscherei	lavandaria
Chem. Reinigung	limpeza

Auto (carro):

Tankstelle	estação de gasolina
Benzin	gasolina
Werkstatt	oficina de auto
Garage	garagem
Ölwechseln	mudar de óleo
abschmieren	lubrificar
Batterie prüfen	carregar a bateria
Defekt	defeito
Bremse	travão
Gang	mudança
Hupe	bucina
Kühlung	refrigério

Kupplung	friccão (spr.: friksão)
Motor	motor
Reifen	pneu
Scheinwerfer	**farol**
Steuerung	volante
Unterbrecher	suspendor
Vergaser	carburador
Wasser	água
Zündung	ignição
Zündkerze	vela
Autonummer	matrícula

Zahlen (números):

1	um	13	treze	60	sessenta
2	dois (duas)	14	cartorze	70	setenta
3	três	15	quinze	80	oitenta
4	quatro	16	dezasseis	90	noventa
5	cinco	17	dezassete	100	cem
6	seis	18	dezoito	101	cem e um
7	sete	19	dezanove	200	duzentos
8	oito	20	vinte	300	trezentos
9	nove	21	vinte e um	400	quatrocentos
10	dez	30	trinta	500	**quinhentos**
11	onze	40	quarenta	600	seiscentos
12	doze	50	cinquenta	1000	mil

Wochentage (dias de semana):

Sonntag	domingo	Donnerstag	quinta-feira
Montag	segunda-feira	Freitag	sexta-feira
Dienstag	terça-feira	Samstag	sábado
Mittwoch	quarta-feira	Feiertag	feriado
		Werktag	dia útil

Tafeln und Schilder:

Aberto	Geöffnet
Alto!	Halt!
Atenção!	Achtung!
Boite	Nachtlokal
Cambio	Geldwechsel
Cuidado!	Vorsicht!
Entrada	Eingang
Estacionamento	Parkplatz
Fechado	Geschlossen
Freio de alarme	Notbremse
Fumadores	Raucher
Informações	Auskunft
Lavabo	Waschraum (evtl. Abort)
Livre	Frei
Não Fumadores	Nichtraucher
Passagem proibido	Durchgang verboten
Perigo!	Gefahr!
Porta de Segurança	Notausgang
Proibido estacionar	Parken verboten

Proibido facer lume	Feueranmachen verboten
Quartos para alugar	Zimmer zu vermieten
Retrete	Abort
Saida	Ausgang
Senhoras	Damen
Senhores	Herren
Tomado	Besetzt
Vende-se . . .	Man verkauft . . .

Aus Landkarten und Stadtplänen:

albufeira	flacher See bzw. Lagune
aldeia	Dorf
alto (a)	hoch
avenida	Allee
baixo (a)	tief
barragem	Stausee
barranco	Talschlucht
beco sem saida	Sackgasse
cabo	Kap
cais	Kai, Bahnsteig
calçada	Pflasterstraße
caldas	Thermalbad
Câmara Municipal	Stadtverwaltung, Rathaus
chafariz	Brunnen
cidade	Stadt
convento	Kloster
cova (covão)	Höhle
cumeda	Bergrücken
escada	Treppe
escola	Schule
espigueiro	Maisspeicher
estação	Bahnhof
estrada	Landstraße
farol	Leuchtturm
gare	Bahnhof
igreja	Kirche
ilha	Insel
jardim	Garten
lago	See
largo	Platz
mata	Wald
miradouro	Aussichtspunkt
mosteiro	Kloster
nora	Wasserschöpfrad
paço	Residenz, Palast
padrão	Wappensäule (Hoheitszeichen), Stein
pais	Land
palheiros	(Tang-)Strohhaufen
paroquial	Pfarr . . .
penha	Fels, Gipfel
pinhal	Pinienwald
ponta	Spitze, Landzunge

ponte	Brücke
ponto	Punkt, Ort, Stelle
praça	(Markt-)Platz
praia	Strand
quinta	Landgut oder Landhaus
rainha	Königin
real	königlich
rei	König
ria	Lagune oder Flußdelta
ribeira	Fluß oder Flußniederung
ribeiro	Bach
rio	Fluß
rossio	großer Platz
rua	Straße
sé	(Bischofs-)Kathedrale
serra	Gebirge bzw. Gebirgskamm
terreiro	Gelände
torre	Turm
travessa	Gasse, Sträßchen
vau	Furt
vila	Kleinstadt

Historische und kult- und kunstbezogene Begriffe:

alcáçar	maurische Schloßburg
Antão	Anton
arco	Bogen, Torbogen
ascensão	Christi Himmelfahrt
assunção	Mariä Himmelfahrt
baptista	Täufer
Belém	Bethlehem
Bento	Benedikt
Brás	Blasius
chagas	Wunden
concepção	unbefleckte Empfängnis
consolação	Tröstung
Cristóvão	Christophorus
Dinis	Dionysius
Domingo	Dominik
Duarte	Eduard
encarnação	Menschwerdung
Estêvão	Stephan
ex voto (lat.: „auf Grund eines Gelübdes")	Weihgabe
Gil	Ägidius
graça	Gnade
Guido	Veit
Inês	Agnes
Infante	port. Prinzentitel
Jerónimo	Hieronymus
João	Johannes
Jorge	Georg
José	Josef
matriz	Pfarrkirche

Miguel	Michael
misericórdia	Erbarmen
mozarabisch	Kunstprodukte von Christen unter maurischer Herrschaft
mudéjar	Kunstprodukte von christianisierten Mauren nach der Reconquista
Nossa Senhora (Na. Sa.)	Unsere Liebe Frau
patio	Innenhof
Pedro	Peter
pelourinho	Prunksäule, als Ausdruck der Gerichtshoheit
piedade	Mitleid
plateresk	Stilrichtung m. goldschmiedeartiger Ornamentierung der Flächen
políptico	vielteiliges Bild
reconquista	Wiedereroberung (unter Vertreibung der Mauren)
retablo	Altaraufsatz
Roque	Rochus
Sancho	Simson
São . . ., Santo . . .	Heiliger . . .
semana santa	Karwoche
talha	Schnitzwerk
Tiago, Jacó, Jaime	Jakob
tímpano	Tympanon, Bogenfeld
trindade	Dreieinigkeit
tríptico	Tryptikon, dreiteiliges Bild

7.
Die portugiesische Küche

Die portugiesische Speisekarte ist sehr variiert, wobei aus demselben Grundmaterial eine Vielfalt von Gerichten hergestellt wird, die insbesondere auch regionsweise verschieden ist.

Als Grundmaterial spielt natürlich das Seegetier (fruta do mar) eine dominierende Rolle, und es wird etwa fünfmal mehr Fisch als Fleisch verzehrt. Die nächstwichtigen Grundnahrungsmittel sind Reis, der überwiegend im eigenen Land erzeugt wird, Kartoffeln, Brot, Eier und Haustier- oder Wildfleisch. Bemerkenswert ist die Vielzahl der gängigen (natürlichen) Gewürze, die den Mahlzeiten ihre Note geben.

Diese beginnen meist mit einer Suppe, etwa der vor allem im Norden beliebten grünen „caldo verde", die im wesentlichen aus zerdrückten Kartoffeln und gehacktem Kohl und verschiedenen sonstigen Einlagen besteht. Entsprechend diesen Einlagen dient sie oft auch als selbständige Eintopfmahlzeit. Das geographische Gegenstück dazu ist der im Süden gebräuchliche erfrischende „gaspacho", eine kalte saure Suppe, hergestellt mit Tomaten, Zwiebeln, Gurken, gerösteten Brotstücken, Öl usw. Auch die Brotsuppen (migas) werden regionsweise verschieden zubereitet. Die weitverbreitete „caldeirada", die der französischen Bouillabaisse (Fischsuppe) entspricht und dieser in nichts nachsteht, enthält Dutzende von Fischsorten und Zutaten und wird gleichfalls oft als Eintopfgericht verwendet.

Von den frutas do mar hat der preiswerte Kabeljau (bacalhau), getrocknet als Stockfisch, die größte Verbreitung. Man sagt, daß er auf 100 verschiedene Arten zubereitet werden kann, bevorzugt gekocht oder mit Kohlblättern abgedeckt in heißer Asche geschmort. Überall beliebt sind die auf winzigen transportablen Sardinenöfchen im Freien gegrillten Sardinen, die zu den Essenszeiten die Straßen in einen appetitanregenden Duft hüllen.

Die Schalen- und Krustentiere (crustáceos) sind natürlich direkt an den Fang- und Anlandeorten (es gibt auch spezielle Aufzuchten) am schmackhaftesten und preiswertesten. So bevorzugt man die Hummern von Guincho (bei Lissabon), die geschmorten Langusten von Peniche und den Berlengas-Inseln, Hummern und Langusten zugleich in Ericeira und Muscheln im Algarve, wo sie zusammen mit den Zutaten auf der traditionellen „cataplana", einer flachrandigen Kupferplatte, aufgedämpft und unmittelbar serviert werden.

Mit der zunehmenden Entfernung vom Meer wird die fruta do mar von Fleisch und Wildfleisch verdrängt, das in den einzelnen Provinzen auch wieder sehr variiert ausgewählt und zubereitet wird. Am Spieß gebratene Spanferkel (leitão assado) sind in den Beiraprovinzen heimisch, im Alentejo gebratene Lammstücke und Rebhühner. Das Schweinefleisch wird außer zum Braten gerne zu Ragout oder zu verschiedenartigen Würsten verarbeitet, die Wurstauswahl ist jedoch mit derjenigen etwa in Deutschland nicht zu vergleichen. Der geräuchte Schinken (presunto) kommt hauptsächlich aus den Landschaften um Chaves und Lamego. Dieser Schinken wird auch im „cozido à Portuguesa", einer vielschichtigen Rindfleisch-Gemüseplatte mitverwendet. Das „porco à aletejano" wird in Wein eingelegt.

Gekocht und gebacken wird regelmäßig mit Olivenöl, das zwar gesund ist, aber nicht jedermann gewohnt ist. Will man seine Speisen stattdessen mit Butter (com manteiga) zubereitet haben oder ohne Knoblauch (sem alho), so muß dies entsprechend bestellt werden.

Die besten Käse kommen aus der Serra d'Estrêla (queijo da Serra), die Ziegenkäse „cabreiro" und „rabaçal" aus der Region Pombal und die kleinen runden „queijinhos" aus Tomar und anderen Gebieten.

Die zahlreichen Süßwaren gehen großenteils auf die arabische Herrschaft zurück, denn die arabischen Haremsdamen erreichten damit die bei den Orientalen als Schönheitsideal angesehene Fülligkeit. In der Folge wurde diese Kunst von den (gleichfalls abgeschlossenen) Nonnen übernommen und weiterentwickelt, so daß heute fast jede Stadt ihre eigenen Rezepte und überlieferten Gebäckformen hat, wobei insbesondere Eier, Mandeln, Nüsse, Honig, Zucker, Zimt, Zitrone usw. Verwendung finden.

Über den portugiesischen Wein berichtet der Abschnitt A. 14. Der sehr starke und aromatische portugiesische Kaffee wird aus kleinen Tassen getrunken. Man bestellt „café simples" (schwarz) oder „café com leite" (mit Milch) dasselbe gilt für „chá" (Tee). Bier (cerveja) gibt es branco (hell) oder preta (dunkel), im Glas (copo), vom Faß (de barril) oder in der Flasche (de garrafa) oder Dose (em lata).

Der „Spezialist" bestellt seinen Kaffee in folgenden Variationen: ein „Bico" = ein schwarzer Expresso, ein „Garoto" = ein Täßchen mit einem Schuß Milch, ein „Galão" = ein Milchkaffee im Glas und eine „Carioca" = ein verlängerter Kaffee.

Der Tourist kommt mit der portugiesischen Küche vor allem in den Restaurants und den einfacheren Hotels in Berührung, während in den mittleren und größeren Hotels überwiegend die internationale Küche praktiziert wird. Es steht also durchaus im freien Belieben des Gastes, ob er seine portugiesische Entdeckungsreise auch auf die landesübliche Küche ausdehnen will.

Die Algarvehäuser sind in der Regel einstöckig, wobei die gegen die Straße gerichtete Schauseite meist eine schildartige Brüstung aufgestockt trägt. Auf die Verzierung der mächtigen Kamine, von welchen keines dem anderen gleicht, wird besonders Wert gelegt.
Unser Bild: Eine Gasse in dem Dorf Aldeia bei Loulé

Abschließend ein kleiner

Wegweiser durch die Speisekarte

Der Tourist wünscht:

Kellner	moço (spr.: mosso)	Glas	copo
Speisekarte	carta	grüner Salat	alface
essen	comer	Honig	mel
Weinkarte	a carta dos vinhos	Huhn	galinha
trinken	beber	Kaffee (mit Milch)	café (com leite)
auf Ihr Wohl!	à vossa saúde!	Kotelett	costeleta
Frühstück	pequeno almoço	Löffel	colher
Mittagessen	almoço	Messer	faca
Abendessen	ceia	Mineralwasser	água mineral
bezahlen bitte	pagar, com licença (oder: a conta, com licença)	Nachspeise	sobremesa
		Pfeffer	pimenta
		Rahm	creme
Bier	serveja	Rotwein	vinho tinto
Braten	assado	Salat	alface
Brot	pão	Salz	sal
Butter	manteiga	Streichhölzer	fósforos
danke!	obrigado!	Suppe	sopa
Ei, weich (hart)	ovo, quente (cozido)	Tasse	chávena
Rührei	ovo mexido	Tee	chá
Spiegelei	ovo estrelado	Teller	prato
span. Omelett	tortilha	Wasser	água
Essig	vinagre	Weißwein	vinho branco
Filet	filetes	Wieviel macht es?	quanto é?
Flasche	garrafa	Wurst	chouriço
Fleischbrühe	caldo	Zahnstocher	palito
Fruchtsaft	sumo de fruta	Zigarre	charuto
Gabel	garfo	Zigaretten	cigarros
Gemüse	legumes	Zitrone	limão
		Zucker	açucar

Die Speisekarte empfiehlt:

Agrião	Brunnenkresse	bife	Beefsteak
alface	(Kopf-)Salat	bife enrolado	Roulade
alperche	Aprikose	bolo	Kuchen
amêijoas	(Herz-)Muscheln	bolo de batata	Kartoffelpuffer
ameixa	Pflaume	borracho	Taube
amêndoas	Mandeln	borrego	Lamm
arroz doce	süßer Reis	caldeirada	Fischsuppe (Eintopf)
atum	Thunfisch		
azeite	(Oliven-)Öl	caldo verde	Suppe (→ oben)
azeitonas	Oliven	camarões	Krabben
bacalhau	Stockfisch	canja	Hühnersuppe
batatas	Kartoffeln	caranguejo	Krebs
batatas frita	Pommes frites	carne	Fleisch
bebida	Getränk	carne fumada	Rauchfleisch

carneiro	Hammel	lula	Tintenfisch
castanhas	Kastanien	maça	Apfel
chá	Tee	manteiga	Butter
cherne	Silberbarsch	mariscos	Krebstiere
chouriço	Wurst		und Muscheln
cebolas	Zwiebeln	massas	Nudeln
cenouras	Möhren	melancia	Wassermelone
cerveja	Bier	melão	Melone
cocido	Gekochtes	ostras	Austern
coelho	Kaninchen	ovo	Ei (→ oben)
costeletas	Kotelett	pão torrado	Toastbrot
couves	Kohl	pargo	Seebrasse
couve-flor	Blumenkohl	pato	Ente
creme	Rahm	peixe	Fisch
crustáceos	Schalentiere	peixe-espada	Schwertfisch
eiró	Aal	pêra	Birne
ervilhas	Erbsen	perdiz	Rebhuhn
escalope		perú	Truthahn
de vitela	Schnitzel	pêssago	Pfirsich
esparguetes	Spaghetti	picado	Hackbraten
espinafre	Spinat	pomba	Taube
estufado	Schmorbraten	porco	Schwein
favas	dicke Bohnen	pudim	Pudding
feijões brancos	weiße Bohnen	queijo	Käse
feijões verdes	grüne Bohnen	queijo mole	Quark
fiambre	gekochter	rabanetes	Radieschen
	Schinken	rábano	Rettich
figado	Leber	ragu	Ragout
figos	Feigen	rim	Niere
filetes	Filet	salada de frutas	Obstsalat
franga	Hühnchen	salmão	Lachs, Salm
frito	gebraten	salmonete	Seelachs,
fruta	Obst		Meerbarbe
fungos	Pilze	salsicha	Würstchen
galináceos	Geflügel	salsicha fresca	Bratwurst
galinha	Huhn	santola	Krebs
galo	Hahn	sardinhas	Sardinen
ganso	Gans	sobremesa	Nachtisch
gelo	Eis	sopa	Suppe
grelhado	Gegrilltes	sorvete	Eis
lagosta	Languste	sumo de fruta	Fruchtsaft
lagostim	kleine Languste	torta	Kuchen
laranja	Orange	truta	Forelle
laranjada	Orangeade	uvas	Weintrauben
lavagante	Hummer	vaca	Rind
legumes	Gemüse	vinagre	Essig
leite	Milch	vinho branco	Weißwein
lentilhas	Linsen	vinho tinto	Rotwein
lingua	Zunge	vinho verde	→ Abschn. A. 14
linguado	Seezunge	vitela	Kalbfleisch

8.
Hotelwesen

Mit der Zunahme des Fremdenverkehrs haben die Neubauten von Hotels und Pensionen Schritt gehalten. Diese unterliegen der Kontrolle durch die Secretaria de Estado da Informação e Turismo. Die Preise sind in einer Tabelle enthalten, die in der Rezeption jedes Beherbergungsbetriebs ausgelegt sein muß. Auch in jedem Zimmer muß der jeweils maßgebende (anerkannte) Preis angeschlagen sein, so daß eine willkürliche Überforderung ausgeschlossen ist. Preisbindungen gibt es nicht mehr.

In jeder Beherbergungsstätte muß ein Beschwerdebuch aufliegen, in welches die Gäste sachdienliche Anmerkungen und Beschwerden über die Betreuung eintragen können. Beschwerden werden auch von den örtlichen Verkehrsämtern (Comissão de Turismo) entgegengenommen.

Die für den Tourismus in Betracht kommenden Unternehmen sind in folgende Klassen eingeteilt:

> Hotels mit 1 bis 5 Sternen,
> Pousadas (staatliche Rasthäuser),
> Estalagems mit 3 und 4 Sternen,
> Motels mit 2 und 3 Sternen,
> Pensionen mit 1 bis 4 Sternen.

Das obengenannte Sekretariat bringt jedes Jahr eine ergänzte **Hotelliste** heraus, die alle touristengerechten Beherbergungsbetriebe enthält sowie deren Klassifizierung und die Preise. Man kann sie bei den portugiesischen Fremdenverkehrsbehörden (➤ Abschnitt D. 1) anfordern.

Mietbare **Bungalows und Ferienwohnungen** gibt es in allen Touristenzentren. Auskunft durch die betreffenden örtlichen Verkehrsbüros (Comissão Municipal de Turismo).

Besonders die westliche Atlantikküste, wo der Wind nie einschläft, ist mit zahllosen WINDMÜHLEN besetzt. Die an den Flügelstangen befestigten Hohlgefäße zeigen mit ihrem variierenden Pfeifton dem Müller die jeweilige Windrichtung an.

Eine portugiesische Besonderheit sind die **Pousadas,** das sind von der staatlichen Fremdenverkehrszentrale betriebene Rasthäuser mit 6 bis 30 Zimmern (auch mit Restaurant), die in gleichmäßiger Streuung an den schönsten und charaktervollsten Punkten des Landes errichtet oder in Burgen oder Schlösser eingebaut wurden. Von der Bauart über die Einrichtung bis hin zur Speise- und Weinkarte ist alles auf die betreffende Gegend abgestellt. Die jeweiligen Geschäftsführer kennen in der Regel auch die örtlich gegebenen landschaftlichen und volkskundlichen Besonderheiten und stehen den Gästen mit Rat und Tat zur Verfügung. So ist z. B. der Verwalter des Rasthauses auf der Berlenga-Insel ein erprobter Sportangler.

Die Pousadas eignen sich daher besonders für „neugierige" Touristen, die sich auf preiswerte Art ein Bild vom ganzen Lande machen wollen; denn die Beherbergungskosten sind bei allem gebotenen Komfort so günstig, daß die Aufenthaltsdauer pro Pousada auf 5 Tage beschränkt sein muß, um diese nicht durch Dauergäste zu blockieren. In einigen besonders ruhig gelegenen Pousadas gibt es für auf Hochzeitsreise befindliche Paare (Heiratsurkunde!) Kostenermäßigung.

Während der Sommermonate ist eine Vorausbestellung zu empfehlen. Zumindest sollte man von einer Pousada zur anderen voraustelefonieren. Falls man am vereinbarten Ankunftstag voraussichtlich spät ankommen wird, sollte man diese Vorbestellung zuvor nochmals telefonisch wiederholen.

Auch über die Pousadas geben die in Abschnitt E. 1 genannten Stellen eingehend Auskunft.

Dann gibt es noch die **Estalagem,** die ähnlich wie die Pousadas gestaltet sind, jedoch auf privater Basis betrieben werden.

Casas de Hóspedes sind einfach gehaltene Pensionen, und eine **Adega** entspricht etwa einer spanischen „Bodega", d. h. es handelt sich um einen einfachen volkstümlichen Weinausschank, oft inmitten lagernder Weinfässer (Kellerwirtschaft).

Sprachführer durch die Speisekarte → Abschnitt D. 7.

Sprachführer „Hotelsuche usw. → Abschnitt D. 6.

9.
Camping, Jugendherbergen und Casas-Abrigo

Das Campingwesen hat in den letzten Jahren in Portugal einen großen Aufschwung genommen, dies nicht nur infolge der Touristeninvasion, sondern auch die Portugiesen selbst, die ja sehr naturliebend sind, machen sich diese Möglichkeit der naturnahen Erholung in zunehmendem Maße zunutze, vor allem auf den den Ballungszentren benachbarten Plätzen.

Im ganzen Land gibt es über **50 Parques de Camping,** die den differenziertesten Ansprüchen und Wünschen gerecht werden, sehr preiswert sind und nach portugiesischer Art stets sehr sauber gehalten werden. Neben Plätzen mit jedem Komfort gibt es einfachere und ruhigere, sogar solche, die praktisch nur aus Wald und Forellenbach bestehen (und dafür kostenlos sind), wie etwa der Platz von Caldas Gerês in den Bergen des Nordens. Die Plätze werden in der Regel entweder von der Orts- oder Stadtverwaltung (Câmara Municipal) oder von der Organisation Orbitur betreut. Die letztere hat die höchsten Platzgebühren. Nach der Vorschrift muß die Gebührentabelle im Empfangskiosk der Plätze ausgelegt sein. Außerhalb der Sommersaison gibt es allenthalben Gebührennachlässe. Die Vorlage eines Campingausweises ist vorgeschrieben.

Wer die entsprechende Absicht hegt, sollte unbedingt bei einer der in Abschnitt E. 1 genannten Stellen den „Roteiro Campista" bestellen, der alle Plätze mit allen erforderlichen Angaben einschließlich Lageskizzen enthält.

Beim Campen außerhalb der offiziellen Campingplätze ist folgende Vorschrift zu beachten, die eine Störung der Ordnung und eine Verschmutzung der Landschaft verhindern soll:

Von Ortschaften, Hotels, Restaurants, Badeorten, Stränden, Zeltplätzen und sonstigen vom Publikum besuchten Orten muß ein Abstand von mindestens 1 km eingehalten werden und natürlich die Erlaubnis des Grundstückseigentümers vorliegen. Dabei dürfen nicht mehr als 3 Zelte oder Wohnwagen beisammenstehen und sie dürfen sich nicht länger als 3 Tage am gleichen Platz aufhalten.

Die **Jugendherbergen** (Pousadas de Juventude) stehen auch ausländischen Jugendlichen mit Jugendherbergsausweis offen. Ein ausführliches Verzeichnis mit allen Einzelheiten kann bei

den in Abschnitt E. 1 genannten Stellen sowie bei der Moci-
dade Portuguesa, Largo de São Domingos, Lissabon, angefordert werden.

Daneben gibt es noch einige einfach gehaltene **Casas-
Abrigo,** wo man für ganz wenig Geld und im eigenen Schlaf-
sack ein Obdach für die Nacht findet. Diese Casas-Abrigo sind
gleichfalls in dem „Roteiro Campista" enthalten.

10.
Der portugiesische Alltag

Der portugiesische Alltag beginnt, auf den Sonnenstand be-
zogen, recht früh. Da Portugal wie Deutschland die Mittel-
europäische Zeit hat, jedoch ca. 20° westlicher liegt, geht die
Sonne dort 1½ Stunden später auf und steht erst um 13.30 Uhr
im Zenith. Der beim Morgengrauen aufstehende Tourist wun-
dert sich daher meist, daß es „schon so spät" ist.

Im Sommer wird es dementsprechend erst gegen 13 Uhr
richtig heiß. Die **Ladengeschäfte** haben sich dem einigermaßen
angepaßt. Während die Lebensmittelläden meist von 9 bis
19 Uhr durchgehend geöffnet sind, haben die übrigen Geschäfte regelmäßig von 13 bis 15 Uhr (oder von 12.30 bis
14.30 Uhr) geschlossen. Dies gilt auch für den Samstag. Die
Mercados (Markthallen) sind jeden Vormittag geöffnet, auch
sonntags. Neben Gemüse und Früchten gibt es dort auch
Fleisch, Käse, Eier usw.

Banken haben von 10 bis 12 Uhr und von 14 bis 16 Uhr
geöffnet, samstags nur vormittags bis 11.30 Uhr. Die Öff-
nungszeiten der Wechselstuben (Agência de Cambio) entsprechen etwa denjenigen der Ladengeschäfte, samstags schließen
sie jedoch um 13 Uhr.

Die **Postämter** (Estacão de Correio) sind von 8 bis 20 Uhr
durchgehend geöffnet, das Postamt an der Praça dos Restauradores in Lissabon ist auch nachts und sonntags geöffnet. Briefmarken für Sammlerzwecke (selos para filatelistas) kauft man
an einem Sonderschalter in der Rua São José, wenig nördlich
des ebengenannten Postamts.

Museen sind in der Regel von 10 bis 17 Uhr geöffnet und
montags und an Feiertagen geschlossen.

Die schwarzgrünlackierten **Taxis** sind in jeder Stadt sehr zahlreich. Man braucht meist nur Bruchteile von Minuten zu warten, bis eines vorbeikommt, das man heranwinkt. Üblicherweise gibt man 10 bis 15 % Trinkgeld. Für größere Fahrten gibt es Pauschalpreise.

Amtlich bestellte **Stadtführer** (guia) bzw. Dolmetscher kann man sich durch das örtliche Touristenbüro vermitteln lassen.

Die **Essenszeiten** (Hauptmahlzeiten) sind in der Regel etwa um 13 Uhr und um 20 Uhr.

Trinkgelder. Diese sind in der Regel in der Hotelrechnung enthalten. Dem Zimmermädchen gibt man meist etwas extra. Bei öffentlichen Vorstellungen (Kino usw.) gibt man der Platzanweiserin üblicherweise 10 Escudos.

Nochmals zum Thema **Klima:** In Anbetracht der Seebrise sind die Abende oft kühl. Wer versäumt hat, sich einen Pullover mitzubringen, kann aus der Not eine Tugend machen und sich im Lande einen der preiswerten handgestrickten rohwollenen Seemannspullover kaufen.

Wo kauft man welche **Reiseandenken?** In Lissabon: Trachtenpuppen, Goldwaren (in der Rua Auréa) und Briefmarken für den sammelnden Sohn (→ oben „Postämter"). In Viana do Castelo und Castelo Branco: Stickereien. In Portalegre: handgearbeitete Bildteppiche (wenn man sich „etwas besonderes" leisten will!). In Porto: Portwein und Filigranschmuck. Letzterer wird auch in dem benachbarten Städtchen Gondomar hergestellt. In Caldas da Rainha, Agueda, Barcelos und Estremoz: kunstgewerbliche Keramik. In Alcobaça: Schmuckkeramik, Glas- und Porzellanwaren und Antiquitäten. In Obidos: Antiquitäten und gewebte Teppiche. Im Alentejo: Korkarbeiten. Im Algarve: Stickerei und handgestrickte Wollsachen (Pullover, Westen, Damenkleider). Im Minho: Geschnitzte Stierjoche, zu Dekorationszwecken. In Elvas: Kupferarbeiten. In Nazaré: handgestrickte Wollsachen und Puppen in der Nazarener Tracht (7 Röcke).

Radioempfang siehe Abschnitt D. 1.

Boite ist eine Bar bzw. ein Nachtlokal.

Familiennamen. Der Mädchenname der Mutter (oder mindestens ein Teil davon) geht auf die Kinder über, so daß deren

Familienname aus mehreren Einzelnamen zusammengesetzt ist, die in der Regel durch „de" oder „e" miteinander verbunden sind.

Das in Mitteleuropa weitgehend unbekannte Brettspiel **Gamão** kann fast als portugiesisches „Nationalspiel" angesprochen werden. Ihm wird besonders in den ländlichen Straßenkaffees gehuldigt. Das Spielbrett entspricht mit seiner zackenförmigen Aufgliederung etwa dem neuerdings auch bei uns bekannt gewordenen Backgammon.

11.
Und zu Hause wartet der Zoll

Die deutschen Zollvorschriften und auch die Zollkontrollen bei Touristen sind in den letzten Jahren bemerkenswert liberal geworden. Bei der Einreise nach Deutschland ist folgendes wichtig zu wissen:

Zollfrei sind **Reiseandenken** und Lebensmittel (einschließlich Schokolade) bis zu einem Wert von 100 DM (aus EWG-Ländern bis 460 DM). Ausgenommen sind Genußmittel (Kaffee, Tee, Zigaretten) und Alkoholika (siehe jedoch bei „Reiseverzehr"). Bei einem Wert bis zu 240 DM ist Verzollung ohne größere Formalitäten möglich. Der Zollsatz bei Pauschalverzollung beträgt 15 %, aus EG-Ländern 5 %, ausgenommen Genußmittel, Alkohol, Tabakwaren und Kraftstoff.

Zollfrei ist weiterhin der **Reiseverzehr.** Personen, die mindestens 17 Jahre alt sind, stehen folgende Freimengen zu, je nach dem, ob die Waren aus einem EG-Mitgliedsland oder aus einem Drittland stammen:

Alkohol:	EG	Drittland
a) Wein	4 Liter	2 Liter
b) Schaumwein oder Likör oder sonstige		
Spirituosen bis 22°	3 Liter	2 Liter
oder		
Spirituosen über 22°	$1^1/_2$ Liter	1 Liter
c) Parfüm	75 g	50 g
d) Toilettenwasser	$^3/_8$ Liter	$^1/_4$ Liter
Kaffee und Tee:		
a) Kaffee	750 g	250 g
oder		
Kaffeeauszüge oder Kaffee-Essenzen	300 g	100 g

b) Tee	150 g	100 g
oder		
Teeauszüge oder Tee-Essenzen	60 g	40 g

Tabakwaren:

Zigaretten	300 Stück	200 Stück
oder Zigarillos	150 Stück	100 Stück
oder Zigarren	75 Stück	50 Stück
oder Rauchtabak	400 g	250 g

Betriebsstoff für Kraftfahrzeuge:
Zollfrei ist im Haupttank mitgeführter Treibstoff, sowie 10 Liter im Reservekanister und Schmierstoff bis zu 1 kg.

Wenn man dabei erwischt wird, eine im Ausland erworbene zollpflichtige Ware nicht angegeben zu haben, so ist man jetzt kein den Dieben und Räubern gleichgestellter Verbrecher mehr, allerdings nur dann, wenn der Wert der verschwiegenen Ware 200 DM nicht übersteigt. Man wird zwar nach wie vor bestraft, jedoch nur wegen „Ordnungswidrigkeit" ohne Staatsanwalt und Strafregister. Auch der jedem Rechtsstaat hohnsprechende Unfug, wegen jeder Kleinigkeit gleich den Wagen zu beschlagnahmen (wie beim Räuber das Messer) scheint eingedämmt zu sein; vielleicht eingedenk der Tatsache, daß den Produzenten unvernünftiger Verordnungen ja der Kopf auch nicht eingezogen wird.

Falsch wäre es, den unglückseligen Cognac vor den Augen des Zollbeamten auszutrinken oder bei Unvermögen auszuschütten: er hat die Grenze ungetrunken passiert und ist „zollfällig", und da die Wahrscheinlichkeit besteht, daß Sie diesen Spiritus in einer Apotheke kölbchenweise weiterverkaufen, sind die Zollsätze gerade hierfür besonders hoch.

Wenn Sie glauben, von den Grenzzollbeamten über Gebühr in die Zollzange genommen zu werden, oder wenn Sie keine Zeit oder Lust zu Diskussionen haben, so können Sie die Waren (auf Ihre Kosten) an das für Ihren Wohnort zuständige Inlandszollamt überweisen lassen.

Und das wichtigste: Lassen Sie sich durch vielleicht doch einmal auftretenden Ärger mit der heimatlichen Zollstelle die Erinnerung an Ihren eben gehabten Spanienurlaub nicht vergällen!

STICHWORTVERZEICHNIS

Bisher erschienene Goldstadt-Reiseführer:

Ferienreiseführer

Städtereiseführer

Studienreiseführer

Sprachführer

Die einfache Hörsprache
– lesen und sofort richtig sprechen –
Dr. Starks Taschendolmetsch®

Diese Sprachführer sind hauptsächlich für nicht Sprachbegabte gedacht. Gestützt auf unser neuartiges System der Schreibweise in **Hörsprache** und der dazugehörigen richtigen Betonung durch ein direkt auf der Silbe aufgesetztes Akzent (´) ist es möglich sofort richtig zu sprechen und verstanden zu werden. Die Kapitel beinhalten nur Redewendungen und Ausdrücke, die zum Sichverständlichmachen in unterschiedlichen Situationen notwendig sind. Ein Auswendiglernen ist nicht ratsam, damit der Gesprächspartner die Sprachkenntnisse berücksichtigen kann.

Die Reihe umfaßt die wichtigsten Touristensprachen:

REISE-NOTIZEN

REISE-NOTIZEN

REISE-NOTIZEN

REISE-NOTIZEN

REISE-NOTIZEN

REISE-NOTIZEN

REISE-NOTIZEN

REISE-NOTIZEN

REISE-NOTIZEN

REISE-NOTIZEN

REISE-NOTIZEN